马克思主义政治经济学基础理论研究（Ⅱ）

赵锦辉◎著

RESEARCH ON BASIC THEORY *of* MARXIST POLITICAL ECONOMY（Ⅱ）

中国经济出版社
CHINA ECONOMIC PUBLISHING HOUSE
北 京

图书在版编目（CIP）数据

马克思主义政治经济学基础理论研究（Ⅱ）/ 赵锦辉著 .
北京：中国经济出版社，2017. 12（2023. 8 重印）
ISBN 978-7-5136-4852-3

Ⅰ. ①马… Ⅱ. ①赵… Ⅲ. ①马克思主义政治经济学—理论研究 Ⅳ. ①F0-0

中国版本图书馆 CIP 数据核字（2017）第 224661 号

责任编辑 赵静宜
责任印制 巢新强
封面设计 久品轩

出版发行 中国经济出版社
印 刷 者 三河市同力彩印有限公司
经 销 者 各地新华书店
开　　本 710mm×1000mm 1/16
印　　张 11
字　　数 153 千字
版　　次 2017 年 12 月第 1 版
印　　次 2023 年 8 月第 2 次
定　　价 49. 80 元
广告经营许可证 京西工商广字第 8179 号

中国经济出版社 **网址** www. economyph. com **社址** 北京市东城区安定门外大街 58 号 **邮编** 100011
本版图书如存在印装质量问题，请与本社销售中心联系调换（联系电话：010-57512564）

目　录

第一章　马克思的资本循环理论

资本循环理论研究单个资本的流通。这里的单个资本是指单个产业资本。产业资本，是指投在工业、农业、建筑业等物质生产部门并按资本主义生产方式经营的资本，其本质特征是生产剩余价值。资本要获得剩余价值，就必须不断地从流通过程进入生产过程，再从生产过程进入流通过程，即反复不断地进行循环运动。

第一节　马克思资本循环理论的思想来源

一、货币资本循环理论与重商主义理论

重商主义是 15—17 世纪流行于欧洲各国的一种经济学说，反映了这个时期商业资本的利益和要求。重商主义者认为货币是财富的基本形式，主张国家干预经济生活，采取措施在对外贸易上实现出超，使货币流入本国，并严禁货币输出国外，对进口实行保护关税政策。重商主义理论有早期和晚期之分。早期重商主义者力图在国内把货币以储藏货币的形式积累起来，从而达到积累货币财富的目的，因此，马克思把早期重商主义称成货币主义。晚期重商主义主张发展对外贸易，扩大商品输

出，限制商品的输入，通过调节商品的运动，从而达到积累货币财富的目的。马克思的货币资本循环理论对此进行了深入的分析。马克思指出，重商主义者的理论体系是以货币资本循环公式 G—W…P…W′—G′为基础的。“我们在重商主义体系的辩护人那里，发现了这样冗长的说教：资本家个人只应该和工人一样消费，资本家国家应该把它们的商品让给其他比较愚昧的国家去消费和进行消费过程，而相反地应该把生产消费当作自己的终生事业。这种说教在形式上和内容上往往使人想起教父们类似的禁欲诫条。”① “所谓货币主义，不过是 G—W—G′这个没有概念的形式的表现。”②

二、生产资本循环与古典政治经济学

古典政治经济学产生于 17 世纪中叶，完成于 19 世纪初期。它“在英国从威廉·配第开始，到李嘉图结束，在法国从布阿吉尔贝尔开始，到西斯蒙第结束”③。

古典政治经济学是资产阶级的经济学理论体系。它初步探讨了资本主义经济运行规律，提出了劳动价值论，在地租、利润、利息等具体形式上研究了剩余价值，对资本主义社会的阶级关系也进行了初步探讨。马克思指出，古典政治经济学是科学，这源于该学派是在阶级斗争不发展的时期发展起来的。“只要政治经济学是资产阶级的政治经济学，就是说，只要它把资本主义制度不是看作历史上过渡的发展阶段，而是看作社会生产的绝对的最后的形式，那就只有在阶级斗争处于潜伏状态或

① 《马克思恩格斯文集》第 6 卷，人民出版社 2009 年版，第 70 页。

② 《马克思恩格斯文集》第 6 卷，人民出版社 2009 年版，第 72 页。

③ 马克思：《政治经济学批判·第一分册》，《马克思恩格斯全集》第 31 卷，人民出版社 1998 年版，第 445 页。

只是在个别的现象上表现出来的时候，它还能够是科学。”①

马克思指出，“生产资本的循环是古典经济学用来考察产业资本循环过程的形式。”②

三、商品资本循环与重农学派

18 世纪 50—70 年代法国出现重农学派。该学派是以自然秩序为最高信条、以农业为财富的唯一来源和社会一切收入的基础、以保障财产权利和个人经济自由为社会繁荣的必要因素的资产阶级古典政治经济学学派。该学派代表人物是魁奈。魁奈的《经济表》揭示了社会生产的全部产品在三大阶级之间的交换。农产品再生产可以表现为商品资本循环。马克思指出：“W′— W′是魁奈《经济表》的基础。他选用这个形式，而不选用 P—P 形式，来和 G—G′（重商主义体系孤立地坚持的形式）相对立，这就显示出他的伟大的正确的见识。”③

马克思正是在批判地继承重商主义、古典政治经济学、重农学派关于资本循环相关理论的基础上，才发展起了资本循环理论。

第二节　马克思资本循环理论的主要内容

一、资本循环的定义

一般说来，资本循环要经过三个阶段，在这三个阶段中资本形态会

---

① 《马克思恩格斯文集》第 5 卷，人民出版社 2009 年版，第 16 页。
② 《马克思恩格斯文集》第 6 卷，人民出版社 2009 年版，第 100 页。
③ 《马克思恩格斯文集》第 6 卷，人民出版社 2009 年版，第 115 页。

发生不同的变化：

1. 购买阶段

$$G—W<\begin{matrix}A\\Pm\end{matrix}$$

在这一阶段，资本家用货币（G）购买劳动力（A）和生产资料（Pm）这两种生产要素（W），从而为生产做准备。实线——表示流通过程。由于货币购买的是劳动力和生产资料，这就使资本家掌握了创造价值和剩余价值的能力。这里的货币成为资本家以货币形式预付的货币资本，劳动力和生产资料成为以实物形式存在的生产资本。

因此，在购买阶段，资本形态发生变化，由货币资本转化为生产资本。货币资本的职能是为生产剩余价值做准备。

2. 生产阶段

$$W<\begin{matrix}A\\Pm\end{matrix}\cdots P\cdots W'$$

在这一阶段，劳动者（A）利用生产资料（Pm）进行生产，从而生产出一定量的新商品（W′）。这里，P 代表处于生产领域的生产资本，虚线…代表生产过程（或流通的中断）。这个新的商品（W′）与原来买进的生产要素（W）相比，不仅物质形态不同，而且价值量也发生了变化。它既包含原有的价值（W），又包含了在生产阶段新创造的剩余价值（m），即 W′=W+m。因而，W′变成了以商品形式存在的资本即商品资本。

因此，在生产阶段，资本形态发生变化，由生产资本转化为商品资本。生产资本的职能是生产价值和剩余价值。

3. 销售阶段

$$W'—G'$$

在这一阶段，资本家出售含有剩余价值的商品，从而使商品资本（W′）转化为货币资本（G′）。实线——表示流通过程。这里的货币资本不等于当初投入的货币资本（G），而是已经包含了实现的剩余价值在内，即 $G'=G+m$。

因此，在销售阶段，资本形态发生变化，由商品资本转化为货币资本。商品资本的职能是实现价值和剩余价值。

把这三个阶段综合起来，可以得到资本循环的总公式：

$$G—W\cdots P\cdots W'—G'$$

从公式可知，资本在循环过程中要经过购买、生产和销售三个阶段，分别采取三种职能形态：货币资本、生产资本和商品资本。在购买阶段，资本实现由货币资本向生产资本的形态变化；在生产阶段，资本实现由生产资本向商品资本的形态变化；在销售阶段，资本实现由商品资本向货币资本的形态变化。通过这一系列的形态变化，资本实现了价值增殖，最终又回到原来的出发点。这三个阶段中，购买阶段和销售阶段处于流通领域，生产阶段处于生产领域，所以，资本循环是生产过程和流通过程的统一。

因此，所谓资本循环，是指资本从一种形态出发，经过一系列形态变化，使其价值得到增殖，最后又回到原来出发点的运动。

二、资本循环的形式

资本家对剩余价值的追求是无止境的。为了追求剩余价值，产业资本必须不停地从一个阶段转向另一个阶段，从一种职能形态转向另一种职能形态，周而复始地不断进行循环。如下图所示：

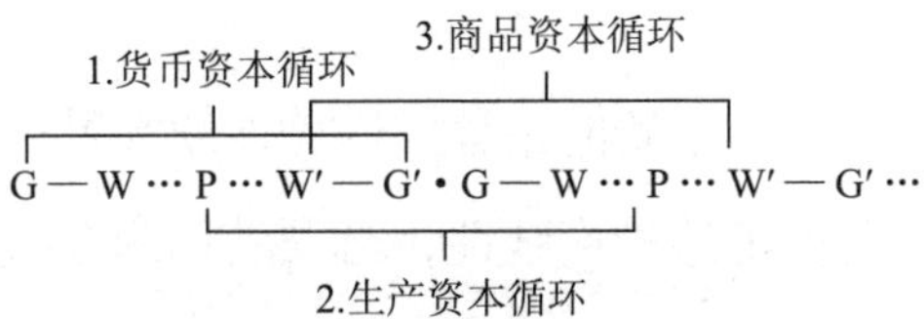

在这个过程中，产业资本的每一种职能形态都可以作为出发点和终点进行各自的循环运动。因此，资本循环有三种形式：

第一种形式：货币资本循环（G—W…P…W′—G′）

该循环起点是预付货币资本，经过生产资本和商品资本的形态转化，最后又回到货币资本，流回的货币大于预付的货币。在前面考察资本循环的定义时，就是以货币资本的循环为例的。货币资本循环最明显地表现出资本循环的目的是追求价值增殖。

第二种形式：生产资本循环（P…W′—G′·G—W…P）

该循环起点是生产资本，经过商品资本和货币资本的形态转化，最后又回到生产资本。生产资本循环最明显地表现出资本循环是再生产过程。

第三种形式：商品资本循环（W′—G′·G—W…P…W′）

该循环起点是商品资本，经过货币资本和生产资本的转化，最后又回到商品资本。商品资本循环最明显地表现出商品出售和商品生产的关系，全部产品的消费是再生产的前提条件。

资本循环的三种形式表明，每一种循环形式各有自己的特点，同时，它们又都是相互联系，互为前提的。无论哪一种循环形式，都是以其他两种循环形式为前提的，任何一种循环形式的反复进行，都必然包含着其他两种循环形式的进行。所以，资本循环是三种循环形式的统一。

三、资本循环正常进行的条件

资本循环是一个连续不断的过程。这种连续性是由资本主义生产的技术基础决定的。要保证这种连续性，必须满足两个条件：

（1）产业资本的三种职能形态在空间上并存。产业资本必须按照一定的比例分成三个部分，使其同时并列存在于货币资本、生产资本和商品资本这三种形态上。

（2）产业资本的三种职能形态在时间上继起。空间上并存的每一种职能形态，都必须连续不断地进行循环，顺次通过三个阶段，执行相应的职能，然后回到原来的形态上，使三种职能形态在时间上相继进行转化。

这种空间上的并存和时间上的继起是相互依存，互为条件的。继起以并存为前提，并存又以继起为保证，这两个条件保证了产业资本的正常运动。资本正是在循环运动中，实现了剩余价值。资本一旦不能正常运动，也就是没有满足产业资本循环正常进行的条件，资本的价值增殖过程就不能正常进行。所以，马克思指出，资本“只能理解为运动，而不能理解为静止物”①。

四、资本循环所花费的时间和费用

资本循环在经过三个阶段时，每个阶段都需要消耗一定的时间，花费相应的费用。

1. 资本的循环时间

资本的循环时间包括生产时间和流通时间两个部分。

生产时间是资本在生产领域内停留的时间。生产时间有两种分类方法：一是根据是否有劳动力参加，将生产时间分为劳动期间和非劳动期间。二是根据生产资料在生产过程中所处的情况，将生产时间分为三部分：生产资料的储备时间、停工时间和发挥作用时间。

流通时间是资本在流通领域内停留的时间。它包括购买时间和销售时间。购买时间是资本处在货币资本形态的时间。销售时间是资本处在

① 《马克思恩格斯文集》第6卷，人民出版社2009年版，第121–122页。

商品资本形态的时间。一般说来，销售时间要比购买时间长。影响流通时间的因素包括商品生产地与商品市场的距离、交通运输条件和市场因素。

在资本数量一定的条件下，流通时间和生产时间是互相排斥的。流通时间越长，生产过程中执行职能的资本就越小。因此，流通时间对生产时间、对价值增殖是一种限制。

2. 资本的循环费用

资本的循环费用包括生产费用和流通费用两个部分。

生产费用，即生产资本，是资本在生产领域内耗费的费用。它由不变资本和可变资本组成。

流通费用是资本在流通领域内耗费的费用。它包括纯粹流通费用、保管费用和运输费用。纯粹流通费用是同商品形态变化有关的费用。它包括用在商品买卖上的费用，如广告费、商业工人的工资、买主和卖主之间的通信费；用在簿记上的费用，如购买各种账本、笔墨、纸张等的费用；用于维持货币流通的费用，如铸币费，货币发行和保管费。保管费用是储备商品所花费的费用。运输费用是商品场所变更所引起的费用。纯粹流通费用不能增加商品的价值。保管费用和运输费用同商品的使用价值运动有关，因此在合理范围内，能够增加商品的价值。

第三节　对马克思资本循环理论的不同见解

资本循环理论揭示了企业生产经营的基本原理。围绕该理论，有如下不同见解：

一、关于社会形态分期的不同见解

在《资本论》第二卷中，马克思指出，“不论生产的社会的形式如何，劳动者和生产资料始终是生产的因素。但是，二者在彼此分离的情况下只在可能性上是生产因素。凡要进行生产，它们就必须结合起来。实行这种结合的特殊方式和方法，使社会结构区分为各个不同的经济时期”①。在1859年发表的《〈政治经济学批判〉序言》中，马克思提出人类社会形态演进阶段史，“大体说来，亚细亚的、古希腊罗马的、封建的和现代资产阶级的生产方式可以看做是经济的社会形态演进的几个时代。”②

1897年列宁在为波格丹诺夫《经济学简明教程》写的书评中指出，政治经济学应该按照历史发展的各个时期依次叙述，即依次叙述原始氏族共产主义时期、奴隶制时期、封建主义和行会时期、资本主义时期。1919年，列宁在《论国家》中仍然提出了四阶段的社会发展理论，即将社会分为原始社会、奴隶制、农奴制和资本主义四个阶段。1938年，斯大林在《论辩证唯物主义和历史唯物主义》中提出社会生产关系的五种类型，即原始公社制、奴隶占有制、封建制、资本主义制度和社会主义制度。苏联政治经济学教科书提出了五阶段社会发展理论，随后，五阶段社会形态说成为标准的马克思主义社会形态分期理论，牢固地占领了政治经济学教材。

那么，如何看待五阶段社会形态说？

1. 五阶段社会形态说对于研究人类社会历史进程具有重要指导意义

（1）五阶段社会形态说总体上符合马克思、恩格斯的本意。马克思

① 《马克思恩格斯文集》第6卷，人民出版社2009年版，第44页。

② 马克思：《〈政治经济学批判〉序言》，《马克思恩格斯文集》第2卷，人民出版社2009年版，第592页。

在《〈政治经济学批判〉序言》中指出，人类社会形态发展大体分为四个阶段，再加上马克思设想未来社会是社会主义社会和共产主义社会，因此，五种社会形态说继承了马克思关于社会形态发展的理论。恩格斯在《家庭、私有制和国家》一文中，对原始社会的各个发展阶段进行了详细阐述。马克思在《经济学手稿》（1857—1858 年）中，也对资本主义以前的各个社会形态进行了详细阐述。随后，马克思在《资本论》中对资本主义社会的发展规律进行了阐述。马克思和恩格斯在《哥达纲领批判》《社会主义从空想到科学的发展》《反杜林论》等一系列著作中也对未来社会主义社会和共产主义社会进行了分析。从这些阐述中可以看出，马克思和恩格斯的确是用五种社会形态来分析人类社会发展阶段的。因此，列宁、斯大林等后来的马克思主义学者用五阶段说来概括马恩关于社会发展阶段的学说，总体上应该是符合马克思和恩格斯的本意的。

（2）五阶段社会形态说从所有制角度分析社会形态演变，对于我们理解社会历史进程具有重要意义。五阶段社会形态说最主要的特征，在于从所有制角度出发对于人类社会历史演变进行分期。不论是原始社会、奴隶社会、封建社会、资本主义社会还是社会主义社会，都是从生产资料和劳动者相结合的特点进行分期。这种分类标准是统一的。劳动者和生产资料有两种结合方式：一是直接结合，包括原始公社所有制、小生产所有制、社会主义公有制。二是间接结合，包括奴隶主所有制、封建地主所有制和资本主义所有制。在原始社会，生产资料为氏族社会全体成员所占有，劳动者和生产资料按血缘关系直接结合在一起。在奴隶社会，生产资料和劳动者在奴隶主手中间接结合起来。它的特殊之处在于奴隶主不仅占有生产资料，而且还占有奴隶，奴隶只是会说话的生产资料。封建社会，生产资料和劳动者在封建地主手中间接结合起来。它的特殊之处在于地主借助土地剥削农民，农民对地主还存在人身依附关系。资本主义社会，生产资料和劳动者在资本家手中间接结合起来。它的特殊之处在于资本家和工人之间是一种雇佣和被雇佣的关系。因此，可以根据劳动者和生产资料结合的特殊方法，将社会结构区分为不同的经济时期。

这种分类方法直观、便于理解，对于我们把握不同社会的本质特征具有重要意义。相比较而言，马克思还有另一种社会分类方式，他认为人类社会发展可分为三个阶段：第一阶段是人的依赖关系形成最初的社会形态，在这种形态下，人的生产能力只是在狭窄的范围内和孤立的地点上发展的。这意味着早期社会生产力不发达，人与人只能结合成集体进行生活，只能依靠集体的力量来共同获取生产资料。第二阶段是以物的依赖性为基础的人的独立性。在这个阶段，形成了普遍的社会物质形态变换，全面的关系，多方面的需求以及全面的能力体系。这意味着随着生产力的发展，人的独立程度在不断发展。这种独立的高峰就是资本主义社会。在资本主义社会，商品经济高度发达，生产力高度发达，分工高度发达，这时候，人已经相当独立了，但这种独立仍然建立在对物质资料的需求基础上。第三阶段是建立在个人全面发展和他们共同的社会生产能力成为他们的社会财富这一基础上的自由个性。这时候，生产力高度发达，物质资料极大地丰富，人已经摆脱了对物质资料的依赖，实行按需分配，这时候，人的个性才得到全面发展。

因此，马克思的社会三形态说是从人与物的关系来讲的，也就是从生产力与生产关系的辩证关系来谈社会发展的。这种分法相对来说比较抽象，不太容易把握。因为人与物的关系是用两个指标来衡量的。一个指标是生产力指标，一个指标是生产关系指标，然后，还要考虑生产力与生产关系两者的关系。一般来说，物的指标是相对客观的，可以用 GDP 等指标进行衡量，但是，人的指标则很难衡量。到底什么叫人的独立性、什么叫人的全面发展，其衡量指标是什么，这个难以有客观标准。所以，相对来说，马克思的社会三形态说虽指出了未来社会发展目标，但五阶段社会形态说相对来说有确定的标准，更容易把握。

在《资本论》第二卷中，马克思批判了将社会经济形态区分为自然经济、货币经济和信用经济的观点。将社会经济形态区分为自然经济、货币经济和信用经济，这是德国经济学家布鲁诺·希尔德布兰德［Bruno Hildebrend（1812—1872）］提出的。他是德国旧历史学派的主要代表人物，其主要著作是《现在和未来的政治经济学》（1848）。旧历史学派反对古典学派的基本科学成就，即关于经济领域的自然规律的学说。他针对古典学派提出的关于一切资本主义国家都具有普遍的发展规律的观点，提出经济关系是依地点和时间的差异而差异，因此，他把经济科学看作是仅仅研究某一国经济的国民科学。他将社会经济形态区分为这三类，其分类的根据是交换形态。自然经济，特征是自给自足，没有交换。货币经济，是商品和货币交换。信用经济，则是存在广泛的借贷关系。

马克思指出，之所以会存在这三种分类方式，是因为资产阶级太看重金钱了。"在资产阶级眼界内，满脑袋都是生意经。"① 对于这种分类方法，马克思提出了三点质疑：

第一，这三个形式不代表对等的发展阶段。信用经济只是货币经济的一种形式，因为这两个名词都表示生产者自身间的交易职能或交易方式。因此，货币经济和信用经济是适用于资本主义生产的不同发展阶段，而不是和自然经济对立的两种独立的交易形式。

第二，不能以流通方式或交易方式来划分经济时期，而应以生产关系来划分，要以劳动力和生产资料相结合的不同方式对社会进行分类。

第三，货币经济是一切商品生产所共有的。将资本主义商品生产和其他商品生产区分开的，是劳动力成为商品，而不是交易方式。

因此，从所有制角度分析社会形态演变，可以说是抓住了不同社会

① 《马克思恩格斯文集》第6卷，人民出版社2009年版，第133页。

形态演进的本质特征，对于我们理解社会历史进程具有重要的指导意义。

（3）五阶段社会形态说将人类社会历史演进进程标准化、公式化、线性化，有利于理论传播。

一般来说，任何理论要有利于传播，必须具备简单、易于抽象的特点。五阶段社会形态说具有理论的简洁性。漫长的人类历史，从所有制的角度看，就五个阶段，这是其得以广泛传播的根本原因。所以，翻开任何一部政治经济学教材，其框架结构基本都是按照五阶段社会形态说来组织的，我们现在所广泛讨论的“一球两制”，其用语也是来自五阶段说。所以，五阶段社会形态说给我们理解人类社会发展历程提供了一把简洁的钥匙。

同时，五阶段社会形态说也有利于将社会发展公式化。奴隶社会可以奴隶主和奴隶、封建社会可以地主和农奴、资本主义社会可以资本家和工人这三对关系构建起标准的数理模型。我们就可以从生产、交换、分配和消费出发，结合不同社会发展阶段不同人群的行为特征，从而快速地给出不同社会发展的标准模型。这种标准模型对于理论的传播是非常有利的。

因此，五阶段社会形态说对于政治经济学发展具有重要的意义，未来，它也将继续在政治经济学发展中占据主流话语地位。这里，如果与西方主流经济学做个比较的话，可以将五阶段社会形态说称为“主流政治经济学”，其他的各种质疑五阶段社会发展学说的政治经济学可以称为“非主流政治经济学”。该主流政治经济学必将在未来政治经济学发展中继续占据统治地位。

2. 五阶段社会发展学说的理论局限性

在看到五阶段社会发展学说的重大意义时，也必须看到其存在的不足。这种不足表现如下：

（1）五阶段社会发展学说试图将西欧社会的发展阶段推广到全球社会发展阶段，这种推广存在局限性。五阶段社会形态发展理论是马克思在总结西欧社会发展进程中提出来的，将这种在一个地方总结出来的社会发展阶段理论推广到全球时，马克思本人就很谨慎。马克思在《给“祖国纪事”杂志编辑部的信》中谈到能否把他关于西欧资本主义制度产生的途径应用到俄国时就指出，“他一定要把我关于西欧资本主义起源的历史概述彻底变成一般发展道路的历史哲学理论，一切民族，不管他们所处的历史环境如何，都注定要走这条道路，——以便最后都达到在保证社会劳动生产力极高度发展的同时又保证人类最全面的发展的这样一种经济状态。但是我要请他原谅。他这样做，会给我过多的荣誉，同时也会给我过多的侮辱”①。同样，恩格斯在谈到未来社会时也非常谨慎。1893 年 5 月 11 日，恩格斯在回答法国《费加罗报》记者提出的“你们德国社会党人给自己提出什么样的最终目标”这个问题时指出，“我们没有最终目标。我们是不断发展论者，我们不打算把什么最终规律强加给人类。关于未来社会组织方面的详细情况的预定看法吗？您在我们这里连它们的影子也找不到”②。

可见，马克思和恩格斯对于将西欧的社会形态在时空方面的推广都是非常慎重的。这是由于要将局部的东西推广到全局，需要受到很多主客观条件的限制。从空间的角度而言，一个地方的自然地理、人文条件、风俗习惯、经济政治格局与另一个地方既有相似的一面，但更多的是相异的一面。“橘生淮南则为橘，生于淮北则为枳。”因此，要将西欧一地的社会发展经验推广到全球，既不可能也不现实。不存在“放之四海而皆准”的唯一社会进化路径。同样，预测未来是非常

① 马克思：《给“祖国纪事”杂志编辑部的信》，《马克思恩格斯全集》第 19 卷，人民出版社 1963 年版，第 130 页。

② 恩格斯：《弗·恩格斯 1893 年 5 月 11 日对法国〈费加罗报〉记者的谈话》，《马克思恩格斯文集》第 4 卷，人民出版社 2009 年版，第 561-562 页。

难的。在马克思所处的年代，社会主义和共产主义还没有出现，没有办法预测未来社会主义是什么样。因此，不可能将一时一地总结出来的经验毫无约束地推广到全局，局部不等于全局，部分不等于整体。

（2）五阶段社会发展学说中五个社会的内涵在不同地区含义是不同的。对于五个社会发展阶段的含义，马克思是从所有制角度展开的，但对于如何理解原始社会、奴隶社会、封建社会、资本主义、社会主义的含义，则争议甚大。

就原始社会而论，马克思在《给维·伊·查苏利奇的复信》中指出，并不是所有的原始公社都是按照同一形式组织起来的。相反，从整体上看，它们是一系列社会组织，这些组织的类型、生存的年代彼此都不相同，标志着依次进化的各个阶段。所以，“把所有的原始公社混为一谈是错误的；正像在地质的层系构造中一样，在历史的形态中，也有原生类型、次生类型、再次生类型等一系列的类型”①。同样，恩格斯在《家庭、私有制和国家的起源》中，就比较了易洛魁人氏族、希腊人氏族、罗马氏族、凯尔特人氏族和德意志人氏族在经济、政治、婚姻、生活、宗教等方面的共同点和不同点，从而说明同样是氏族公社，相互间既存在相同点，但更多的是不同点。

同样，就奴隶社会而言，马克思是以古代社会而不是以奴隶社会为其命名的，这说明两者不能简单地画等号。一方面，马克思和恩格斯多次指出古代社会特别是古代希腊罗马社会是以奴隶制为基础的。马克思指出：“在《资本论》里的好几个地方，我都提到古代罗马平民所遭到的命运。这些人本来都是自己耕种自己小块土地的独立经营的自由农民。在罗马历史发展的过程中，他们被剥夺了。……结果怎样呢？罗马的无产者并没有变成雇佣工人，却成为无所事事的游民，他们比过去美

① 马克思：《给维·伊·查苏利奇的复信》（初稿），《马克思恩格斯文集》第3卷，人民出版社2009年版，第581页。

国南部各州的‘白种贫民’更卑贱，和他们同时发展起来的生产方式不是资本主义的，而是奴隶制的。”① 恩格斯也指出，“随着在文明时代获得最充分发展的奴隶制的出现，就发生了社会分成剥削阶级和被剥削阶级的第一次大分裂。这种分裂继续存在于整个文明期。奴隶制是古希腊罗马时代世界所固有的第一个剥削形式；继之而来的是中世纪的农奴制和近代的雇佣劳动制”②。但另一方面，古代社会并不完全就等同于奴隶社会。在《资本论》第一卷中，马克思指出：“小农经济和独立的手工业生产，一部分构成封建生产方式的基础，一部分在封建生产方式瓦解以后又和资本主义生产并存。同时，它们在原始的东方公有制解体以后，奴隶制真正支配生产以前，还构成古典共同体在其全盛时期的经济基础。”③ 在《资本论》第三卷中，马克思指出：“自耕农的这种自由小块土地所有制形式，作为占统治地位的正常形式，一方面，在古典古代的极盛时期，形成社会的经济基础，另一方面，在现代各民族中，我们又发现它是封建土地所有制解体所产生的各种形式之一。”④

就封建社会而言，长期以来，学术界一直争论东方的封建社会与马克思所指的封建社会含义是否相同。封建制如果指的是地主和农民的关系，则封建社会在东西方是普遍存在的。但是，细究起来，东、西方的封建制度存在很大的差异。西方封建制度的典型形式是庄园制度。地主把地产划成庄园进行管理，一个庄园是一个经营单位，庄园内的土地分为两块：一块是领主自营地，另一块是农奴份地。领主自营地由农奴及其他依附农无偿耕作，其收入全归领主。这里，农奴缴纳给领主的主要是劳役地租，而在东方，农民租种地主，主要缴纳的是实物地租。同

---

① 马克思：《给〈祖国纪事〉杂志编辑部的信》，《马克思恩格斯文集》第3卷，人民出版社2009年版，第466页。

② 恩格斯：《家庭、私有制和国家的起源》，《马克思恩格斯文集》第4卷，人民出版社2009年版，第195页。

③ 《马克思恩格斯文集》第5卷，人民出版社2009年版，第388页。

④ 《马克思恩格斯文集》第7卷，人民出版社2009年版，第911页。

时，庄园制的领主之间存在封君封臣关系，也就是通过土地封授而形成的人身连锁，封君封臣之间互有权利义务关系。同一块土地经过反复封授，往往形成一田多主。而我国土地都属于皇帝所有，“溥天之下，莫非王土”，地主要获得土地，更多的是靠政治上获取功名而获得，而不像西欧社会主要靠继承制来获取。因此，西方的封建制度不能简单地等同于我国的封建制度，两者之间存在着明显的差别。

就资本主义社会而言，马克思所处的资本主义时代属于自由竞争的资本主义，后来，资本主义又发展到垄断资本主义和国家垄断资本主义。当前谈论资本主义，有发达的资本主义和不发达的资本主义之分。在发达的资本主义国家，不同国家的发展模式也存在不同。因此，不存在同一模式的资本主义。

同样，就社会主义制度而言，对于什么是社会主义，理解差距甚远。马克思所设想的社会主义和共产主义制度要求由全社会占有生产资料，但世界上第一个社会主义国家苏联的生产资料有国家占有和集体占有两种形式，我国则实行以公有制为主体，多种所有制度共同发展的基本经济制度。这与马恩的设想也有很大的差别。

因此，五个社会发展阶段理论的内在含义在不同时间、不同空间是不同的。不同国家不存在完全一样的社会发展阶段。

（3）并不是每一个国家都要完整地经历这五个发展阶段。总体来看，西欧社会已经完整地经历了人类社会发展的前四个阶段，但是，西欧社会也没有到达第五个阶段。同样，马克思本人也不认为全球所有国家都要走相同的发展道路。他在《给维·伊·查苏利奇的复信》中，谈到该如何看待俄国农村公社的历史命运时，指出俄国的农业公社不是外国征服者的猎获物。因此，从理论上说，俄国农村公社可以通过发展它的基础即土地公有制和消灭它也包含着的私有制原则来保存自己。这一方面是因为俄国土地的天然地势适合于大规模使用机器，农民习惯于劳动组合关系，这有助于他们从小地块劳动向合作劳动过渡；长久以来靠农民维持生存的俄国社会，也有义务给予农民必要的垫款，来实现这一过渡。另一方面，和控制着世界市场的西方生产同时存在，“就使俄国可以不通过资本主义制度的卡夫丁峡谷，而把资本主义制度所创造的一切积极的成果用到公社中来”。①

就我国而言，我国也没有完整地经历五种社会形态。新中国成立前，我国的社会性质是半殖民半封建社会，民族资本主义虽然在鸦片战争后有了某些发展，但是在整个社会中所占比重很小，在帝国主义、封建主义和官僚买办资本的多重压迫下，它没有也不可能成为中国社会经济的主要形式。孙中山领导的辛亥革命试图走资本主义道路，但实践证明，这条路走不通。因此，我国是直接从半殖民地半封建社会跨入社会主义社会，实践证明，这是历史的选择，也是正确的选择。

因此，要辩证地看待五种社会形态说，它在相当大程度上刻画了历史发展的进程，但是，由于其过于公式化、线性化，更多的是刻画西欧社会的历史发展进程，难以全面反映全球社会的历史发展进程。

二、关于资本循环公式定义的不同见解

关于资本循环公式，学术界有两种定义。第一种定义认为资本循环是指资本从一种形态出发，经过一系列形态变化，使其价值得到增殖，最后又回到原来出发点的运动。第二种定义认为资本循环是指资本依次经过三个阶段，相应地采取三种不同的形式，使其价值得到增殖，最后又回到原来出发点的运动。第二种定义广泛出现在各种政治经济学教科

① 马克思：《给维·伊·查苏利奇的复信》，《马克思恩格斯文集》第3卷，人民出版社2009年版，第575页。

书中。笔者认为，这种定义是错误的。这是因为马克思在《资本论》第二卷中指出两种特殊的循环，这两种特殊的循环并不适合第二种定义。

第一种特殊循环是黄金业的循环。其公式是 G—W…P…G′。该公式指出资本家投入货币资本 G 购买淘金设备等生产资料和招聘工人，这是第一阶段，即购买阶段。然后，生产出黄金，资本循环结束。这里没有第三阶段，即出售阶段。因为生产的商品是黄金，黄金直接就是一般等价物了。所以，不需要再经过第三个阶段。

第二种特殊循环是交通运输业和电信业的循环，其公式是 G—W…P—G′。该公式指出资本家投入货币资本 G 购买汽车、火车等生产资料和招聘工人，这是第一阶段，即购买阶段。然后，利用汽车等运输工具将货物运到指定地点，获得运费，运输业资本循环结束。该公式特点是没有第三阶段，即出售阶段。而是直接在生产阶段后，就直接转化为了货币。这是交通运输业的特点。

将第二种特殊循环推广开来，可以发现服务业都是将第二阶段和第三阶段合并起来的。因此，服务业和制造业在资本循环公式中存在明显的差别。制造业生产的是有形商品，服务业生产的是无形商品；制造业的生产和消费过程是可以分开的，服务业的生产和消费是不能区分的；制造业生产的产品可以库存，服务业提供的服务不能库存；制造业的生产过程不需要消费者直接参与，服务业的服务过程需要消费者直接参与。因此，服务业的资本循环公式与制造业的资本循环公式存在差别，第二种资本循环定义适用于制造业的资本循环，而不适用于服务业的资本循环。

正是由于存在这两种特殊的资本循环，所以，用第二种定义来界定资本循环公式是不妥当的。相反，用第一种定义，可以将这两种特殊的资本循环公式也包括进来。不论是黄金业还是服务业，都必须从一种形态出发，经过一系列形态变化，这种形态变化可以是货币资本到生产资本，再到货币资本的转化，也可以是货币资本到生产资本，再到商品资本、再到货币资本的转化。经过这一系列变化，最终都要回到原来的出发点。所以，第一种定义是妥当的。

第四节　马克思资本循环理论的现实意义

资本循环理论对于我们理解企业生产经营具有重要的意义。这种意义表现如下：

一、从资本循环公式出发，把握企业生产经营基本原理

资本循环公式从购产销的角度揭示了企业生产经营原理。任何一个企业生产经营要正常进行，就要从购产同时并存、相互衔接的角度出发，去把握企业生产经营的基本原理。下面，以旅游业为例说明资本循环公式的应用：

旅游业发展的主体是旅行社。旅行社对旅游业发展起核心作用。旅行社要进行生产经营，首先要购买。购买，就是用钱去购买生产资料和劳动力，对于旅行社来说，首先要购买旅游景点。这就是旅行社与旅游景点洽谈什么时间、什么地点、以什么样的价格购买门票，进行旅游。旅游景点是旅游业发展最重要的资源。旅游景点既包括自然资源，也包括人文资源。一般说来，旅游景点要有唯一性、权威性和包容性。唯一性，就是独此一家。权威性，就是看了这个地方，其他相同类型的旅游景点就不需要看了。包容性，就是旅游产品要能够让不同年龄、职业、

身份的人来旅游。对于旅行社而言，它组织游客除参观旅游景点，还要解决游客在旅游过程中的交通、住宿、饮食、购物、娱乐需求。因此，一个地方旅游要发展，除了有景点外，还要解决旅游配套设施。这些配套设施分为两个层次：一是基础性配套设施，包括餐饮、住宿、交通。要根据旅游资源情况建设相应级别的餐厅、酒店，还要解决交通问题。二是重要配套设施，包括购物和娱乐，要根据旅游资源情况建设相应的旅游商店和娱乐设施。

购买后，接着就是生产。对旅行社而言，这要解决两个问题，一是旅行线路的设计。要根据游客旅游的动机对旅游线路进行设计。根据调查统计，中国游客出游，占前两位动机的是休闲度假和探亲访友，其次，还有养生、保健旅游、宗教朝拜、商务旅游等不同的动机。因此，要根据不同的旅游动机设计不同的旅游线路。二是做好旅游营销。旅游营销的手段包括广告、直接营销、营业推广、公共关系、互联网等多种方式。旅游营销对于推动游客消费起到了重要作用。

生产后就是销售。销售就是旅行社接待游客进行消费的过程。这个过程是产品的完成阶段。对于旅游业来说，它所销售的更多是一种服务。

因此，从购产销的角度来看，旅游业发展的主体是旅行社，旅行社组织游客出游，要解决游、吃、住、行、购、娱这六大需求，然后，旅行社通过设计旅行线路，推销线路，吸引游客进行旅游。这既是旅游业运行的特点，也是资本循环公式在旅游业的具体应用。旅游业可以根据购、产、销三个阶段存在的具体问题进行分析，从而找出不同阶段管理方面存在的问题，进而改善管理。

旅游业可以用购产销三个阶段来分析，其他行业也可以从购产销三个阶段进行分析。因此，资本循环公式刻画了各个行业的运行规律，对于指导企业、行业发展具有重要的指导意义。

二、采取各种措施防止资本循环停顿

资本循环是一种运动。要使运动正常进行，就要采取各种措施防止资本循环中途停顿。一般说来，在下列三种情况下资本循环不能正常进行：

第一种情况是产销脱节。这个现象发生在出售阶段，W′不能完全转化为G′。产业资本家只要把商品卖出去，或者说，批发给商业资本家，对他来说，产品就卖出去了。例如，商业资本家答应产业资本家3个月以后付款，而产品3个月之后可能还是停留在批发领域或者零售领域还没有卖出去，这样，商业资本家就没有钱付给产业资本家。但对于产业资本家而言，由于商业资本家答应三个月之后付款，他就可以继续扩大再生产。这就导致产销脱节，从而爆发经济危机。这种经济危机是一种产销脱节的危机，而不是个人消费需求的危机。所以，马克思说，危机“不是表现在消费需求，即个人消费需求的直接缩减上，而是表现在资本对资本的交换上，即资本再生产过程的缩减上”。①

第二种情况发生在购买阶段。就货币G而言，有两种情况，一种是自愿的货币储藏，即储藏货币到一定时间再买商品。另一种是非自愿的货币储藏。如果有钱买不到商品，就会发生非自愿的货币储藏，从而导致资本循环不能正常进行。

第三种情况是发生价值变动。发生价值变动时，循环也不能正常进行。如价格波动时，就会使循环不能正常进行。价值变动有两种情况，一种是生产资料价值发生变动，投下的货币资本量也要变动。另一种是生活资料价值发生变动，则资本家剩余价值用于积累和消费的部分就会发生变动，同时，劳动力价值也会发生变动，从而影响产业资本循环。

① 《马克思恩格斯文集》第6卷，人民出版社2009年版，第89页。

价值变动和价值革命是有区别的。价值变动一般是由劳动生产率变动引起的，它的变动是缓慢的。而价值革命则是剧烈的。它是指价值量的剧烈变动，造成商品价格急剧上涨或下跌的现象。例如，16 世纪 30 年代，美洲大量金银矿的开采，导致大量金银流入欧洲，引起粮食和其他商品价格的剧烈上涨，当时就将这个现象称为“价值革命”。某些不可抗拒的因素也会引起价值量的剧烈变动。例如，革命、天灾都会引起价值量的剧烈变动。价值变动影响资本循环是缓慢的，价值革命影响产业资本循环通常是剧烈的。

对于以上三种情况，企业要未雨绸缪，防止这些情况出现影响资本循环。

三、企业生产经营要正常进行，就要努力降低生产经营成本，节约生产经营时间

企业生产经营成本由两部分组成，一是生产成本，二是流通成本。生产成本由不变资本和可变资本两部分组成；流通成本包括纯粹流通费用、运输费用和保管费用三个部分。降低企业生产成本，就要提高企业技术水平，努力降低不变资本和可变资本，提高企业劳动生产率。降低企业流通成本，就要努力降低企业流通费用。长期以来，我们只重视降低生产成本，而不重视降低流通成本。从实践来看，大力发展物流行业，对于降低流通成本起到了重要作用。

企业生产经营要正常进行，就要注重节约时间。节约时间，一是要节约生产时间。要注意处理好固定资本和流动资本的比例。固定资本比重越大，企业资本周转越慢，流动资本所占比重越大，企业资本周转就越快。因此，企业生产经营要注意把握好两者的比重关系。不能把大量的钱都投入到购买机器设备中，从而导致企业资金周转缓慢，甚至失

灵。二是要节约销售时间。销售时间的长短对于企业资金周转快慢起着重要作用。销售时间快慢与市场范围的大小、运输快慢、企业产地距离市场远近等因素有着密切联系。企业在销售时，要综合考虑当地市场的消费能力、运输速度等因素，从而尽可能节约销售时间。

企业生产经营要正常进行，离不开政府为企业创造良好的环境。政府要努力为企业降低生产经营成本服务。当前，我国实体经济发展面临成本不断上升的突出问题。因此，政府要努力降低实体经济发展成本，为实体经济发展创造良好的环境。要努力降低制度性交易成本，转变政府职能、简政放权，进一步清理规范中介服务。要降低企业税费负担，进一步正税清费，清理各种不合理收费，营造公平的税负环境，研究降低制造业增值税税率。要降低社会保险费，研究精简归并“五险一金”。要降低企业财务成本，金融部门要创造利率完全市场化的政策环境，为实体经济让利。政府除了要降低企业生产经营成本，更重要的是要节约企业生产经营时间。政府要大力推进一站式办公，解决门难进、脸难看、事难办的问题。要改革审批制度，规范审批流程，加快项目审批进度，尽可能缩短项目开工时间。要大力发展高铁、公路等交通运输业，大力发展信息产业，缩短企业物流、通信等生产和销售时间，从而为企业发展创造良好的环境。

第二章　马克思的资本周转理论

资本周转就是周而复始、不断反复的资本循环。该理论范畴是在马克思的资本循环理论基础上建立起来的。学习马克思的资本周转理论，有助于深化理解企业生产运营的基本原理，推进我国企业资本周转正常进行。

第一节　马克思资本周转理论的思想来源

马克思的资本周转理论进一步揭示了资本主义企业生产经营的基本原理。该理论是在批判地继承古典政治经济学理论基础上建立起来的。

一、魁奈的资本周转理论

魁奈将投在农业上的资本分为原预付和年预付。原预付是指进行农业耕作的基金。之所以需要进行原预付，是因为“耕作同许多严重灾害是分不开的……如果耕作者没有任何储备，灾后他们将无力向所有者和国王支付，或者不能维持下年的耕作费用”①。“构成原预付的耕作财

① 魁奈：《魁奈〈经济表〉及著作选》，华夏出版社2006年版，第353页。

富的储备会逐日消耗，要使这些重要储备保持原有状态，不致完全消失，就需要不断地修补。”① 同时，由于存在原预付，就需要支付原预付利息。“这个利息总额是年年支出的，耕作者绝不会任其闲置；即使在他们不用它修补期间，他们也不会不将其投放到有利可图的地方，以便扩大和改进他们的耕作，不如此就不能应付严重的灾害。”② 年预付是指每年花在耕作劳动上的费用。“生产支出阶级的年预付，每年也会更新，其中大约一半用于饲养家畜，另一半则作为工资支付给从事这个阶级的劳动的工人。”③

马克思指出：“在魁奈那里，固定资本和流动资本的区别表现为‘原预付’和‘年预付’。他正确地把这种区别说成是生产资本即并入直接生产过程的资本内部的区别……在魁奈那里，生产资本的这两种要素的区别，被正确地归结为它们加入成品价值的不同方式。”④ 同时，马克思指出了魁奈理论的不足。魁奈对于原预付和年预付的区别只是对于租地农场主的资本来说才是存在的。同时，“按照重农学派的意见，既然农业劳动是唯一的生产劳动，是唯一创造剩余价值的劳动，那末，把农业劳动同其他一切劳动部门区别开来的剩余价值形式，即地租，就是剩余价值的一般形式。工业利润和货币利息只是地租依以进行分配的各个不同项目，地租按照这些项目以一定的份额从土地所有者手里转到其他阶级手里”⑤。

二、亚当·斯密的资本周转理论

亚当·斯密在《国富论》中对固定资本和流动资本进行了分析。

---

① 魁奈：《魁奈〈经济表〉及著作选》，华夏出版社 2006 年版，第 353 页。

② 魁奈：《魁奈〈经济表〉及著作选》，华夏出版社 2006 年版，第 354 页。

③ 魁奈：《魁奈〈经济表〉及著作选》，华夏出版社 2006 年版，第 235 页。

④ 《马克思恩格斯文集》第 6 卷，人民出版社 2009 年版，第 211 页。

⑤ 马克思：《马克思恩格斯全集》第 26 卷（上），人民出版社 1972 年版，第 21 页。

其要点如下：

（1）对固定资本和流动资本进行了界定。他指出，“有两种不同的方式可以使用资本来为使用者提供收入或利润。第一，可以使用资本来生产、制造或购买货物，重新将其出售以取得利润。这样使用的资本，当货物保留在手或处于同一形态时，不能为使用者提供收入或利润。商人的货物在售得货币以前，他的货币在重新换成货物以前，均不能为他提供收入或利润。他的资本不断地以一种形态离开他而又以另一种形态回归他，只有通过这种流通或连续的交换，才能为他提供利润。因此，这种资本可以合适地称为流动资本。第二，资本可以用来改良土地、购买机器或生产用的工具或不改变主人或不再流通而能提供收入或利润的东西。因此，这种资本可以合适地称为固定资本”①。

（2）斯密分析了不同行业固定资本和流动资本的表现形式。“例如，商人的资本完全是流动资本。他不需要有机器或生产工具，除非他的店铺或货仓也看做是生产工具。每一个工匠师傅或制造业者的资本，有一部分必须是以生产工具的形式固定的……但是所有这些工匠师傅的资本，绝大部分是流动资本，采取工人工资或原料价格的形式，会通过制品的价格带着利润偿还他……农场主的用做农具的那部分资本为固定资本，用做他的雇工的工资和维持费的那部分资本为流动资本。他通过保留前者和放弃后者而得到利润。他的耕畜是固定资本，就像他的耕种用具一样；耕畜的维持费是流动资本，就像雇工的维持费一样。农场主通过保有耕畜、放弃它们的维持费而得到利润。购入并养肥以供出售而非用于劳动的牲畜，其价格和维持费都是流动资本。农场主通过出售它们以获取利润。在饲养牲畜的国家，购入一群羊或一群牛，不是为了劳动，也不是为了出售，而是为了取得它们的毛、它们的奶或是它们的羔羊或牛犊，这种羊群或牛群就是固定资本。利润是通过保有它们来获得的。它

① 斯密：《国富论》（上），陕西人民出版社2001年版，第316页。

们的维持费是流动资本。利润是通过付出它来取得的，这种流动资本随同它自己的利润以及牲畜的整个价格（毛、奶和幼畜的价格）的利润一道回到他的手中。种子的全部价值也可适当地称为固定资本。虽然它在田地和谷仓之间来回走动，它却从不改变主人，所以不能适当地称为流动资本。农场主获得利润不是通过将它售出，而是通过它的增殖。”①

（3）斯密分析了固定资本和流动资本的不同特点。固定资本，“其特点是能提供收入或利润，不必经过流通或改变主人”。②“流动资本的特点是“只有通过流通或改变主人，它才能提供收入。”③

（4）斯密分析了固定资本和流动资本的组成部分。固定资本主要由下列四个项目组成：第一是所有有用的机器和生产工具，能便利和简化劳动。第二是一切有利润可图的建筑物如店铺、货栈、工场、农舍连同它们的一切必要的建筑物、畜舍、谷仓等等。第三是土地的改良。第四是社会所有居民或成员获得的有用才能。流动资本也由四个项目组成。第一是货币。第二是屠夫、畜牧人、农场主、谷物商、酿酒人等手中持有的食物，他们预期从其出售能获得利润。第三是衣服、家具和建筑物所用的原料。第四是已经完工的制成品，仍然操在商人或制造业者手中，尚未售予或分配给真正的消费者。

（5）斯密分析了固定资本和流动资本的关系。“每一项固定资本最初均由流动资本得来，并要求流动资本的不断支持。一切有用的机器和生产工具最初均由流动资本得来，后者提供制成它们的原料并维持制造它们的工人。它们还需要有流动资本来经常进行维修。”④

马克思在评析斯密的理论时，肯定了斯密的贡献。“亚·斯密的惟一进步是把上述范畴普遍化。在他那里，这种区别已经不仅涉及一种特

① 斯密：《国富论》（上），陕西人民出版社 2001 年版，第 316-317 页。

② 斯密：《国富论》（上），陕西人民出版社 2001 年版，第 318 页。

③ 斯密：《国富论》（上），陕西人民出版社 2001 年版，第 319 页。

④ 斯密：《国富论》（上），陕西人民出版社 2001 年版，第 320 页。

殊形式的资本，即租地农场主的资本，而且涉及每一种形式的生产资本。”[①] 然后，他指出：“但是，他的进步只限于范畴的这种普遍化。他所做的说明是远远落在魁奈后面的。”[②] 马克思详尽分析了斯密理论的不足。

第一，马克思指出斯密将流动资本和流通资本相混淆。“亚·斯密在这里规定为流动资本的东西，就是我要称之为流通资本的东西。”[③]

第二，关于固定资本和流动资本的表现形式。马克思指出斯密不能从物质形式上区分固定资本和流动资本。“使生产要素中包含的价值定义为固定资本和流动资本的，不是生产要素的物质形式，而是它在生产过程中的职能。”[④]

第三，关于固定资本和流动资本的特点。马克思指出，生产资本的区别只是为了满足自己的需要。这个区别被斯密歪曲了。这是因为：“①他塞进了和这里完全无关的关于利润的规定……②他把一部分生产要素在劳动过程中的变化，和属于产品交换、商品流通，同时包含流通中的商品的所有权变换的那种形式变换（买和卖）混为一谈。”[⑤]

第四，关于固定资本和流动资本的组成部分。马克思指出：“同样的物品是构成流动资本的组成部分，还是构成固定资本的组成部分，要看它在劳动过程中执行什么职能……从斯密的见解产生的错误之一，是把固定资本和流动资本的性质看作是物品固有的性质。”[⑥]

第五，对于两者关系的分析。马克思指出：“决不能得出结论说，任何固定资本最初都来源于流动资本；斯密得出这个结论，只是由于他

---

① 《马克思恩格斯文集》第 6 卷，人民出版社 2009 年版，第 212 页。
② 《马克思恩格斯文集》第 6 卷，人民出版社 2009 年版，第 212 页。
③ 《马克思恩格斯文集》第 6 卷，人民出版社 2009 年版，第 214 页。
④ 《马克思恩格斯文集》第 6 卷，人民出版社 2009 年版，第 224 页。
⑤ 《马克思恩格斯文集》第 6 卷，人民出版社 2009 年版，第 226 页。
⑥ 《马克思恩格斯文集》第 6 卷，人民出版社 2009 年版，第 227 页。

把流通资本和流动资本即非固定资本混同起来。此外，斯密也否定自己。按照他自己的说法，机器作为商品是流动资本的第四部分。”①

马克思深刻分析了斯密产生这些错误的原因，他指出，“斯密把下面两种区别混为一谈：一种是由生产资本不同要素的不同流通方法产生的固定资本和流动资本的区别，另一种是同一个资本在生产过程内作为生产资本执行职能，在流通领域内却作为流通资本（即商品资本和货币资本）执行职能所经历的形式区别”。②

正是由于斯密在固定资本和流动资本理论上的混淆，才导致了李嘉图等其他经济学家在该理论上的混淆。马克思正是在批判地继承魁奈和斯密等英法古典政治经济学家理论的基础上，建立了资本周转理论。

第二节　马克思资本周转理论的主要内容

资本周转就是周而复始、不断反复的资本循环。研究资本周转，目的是要研究资本特别是预付资本的周转速度对于剩余价值生产和实现的影响。衡量资本周转有两个指标：周转时间和周转次数。周转时间是指资本的生产时间和流通时间之和，它计量资本价值从一个循环周期到下一个循环周期所花费的时间。周转次数是指资本在一年内周转的次数。周转次数=1年/资本周转时间。

一、影响资本周转速度的因素

影响资本周转快慢有两个因素：一是固定资本和流动资本的比例；

① 《马克思恩格斯文集》第6卷，人民出版社2009年版，第233页。

② 《马克思恩格斯文集》第6卷，人民出版社2009年版，第216页。

二是周转时间。

1. 固定资本和流动资本

生产资本按其价值周转方式的不同，分为固定资本和流动资本两个部分。

固定资本是指全部投入生产过程，按照物质磨损程度逐渐地将价值转移到新产品中的生产资本。固定资本可以在较长时间内发挥作用，供许多次生产过程使用，因此，像厂房、机器、容器等固定资本在使用期间不需要更新，它们的价值是按照它们在每次生产过程中的磨损程度，逐渐地、一部分一部分地转移到新产品中去，并随着产品的出售而逐步周转回来，直到使用价值报废，它们才完成一次周转。流动资本是指一次投入生产过程，价值也一次周转到新产品中去的生产资本。投在原料、辅助材料和劳动力上的资本，是一次投入生产过程，一次全部消耗，其价值是一次全部加入到产品中去，并随着产品的出售一次周转回来。投在原料、辅助材料上的那部分资本价值再现在产品价值中，投在劳动力上的资本，通过工人在生产过程中重新创造出来，其价值也是全部一次加入到新产品中去，并随着产品的出售一次周转回来。

固定资本在使用过程中要不断磨损。这种磨损分为两种类型：一种是有形磨损，它是固定资本物质要素的损耗。有形磨损是由于自然原因或由于使用造成的磨损。如汽车，开车就会对汽车造成磨损；汽车不用放在那里，过几年各种零部件也会磨损，这是由于自然原因形成的。另一种是无形磨损。它是固定资本在使用期限内，由于生产技术进步引起的资本价值贬值。

为了保证再生产的顺利进行，资本家必须把固定资本转移的价值不断地积累起来，以便将来在实物形态上替换已经磨损完的固定资本。这种做法通常称为折旧。折旧基金是按照固定资本磨损程度而逐年提取的货币准备金。折旧基金在性质上属于补偿基金，但是，它在一定程度上可以充当积累基金。使用折旧基金对固定资本进行实物补偿有两种方式：一种是局部更新，另一种是全部更新。更新导致企业生产逐渐扩大。企业扩大再生产有两种形式，“如果生产场所扩大了，就是在外延上扩大；如果生产资料效率提高了，就是在内涵上扩大”①。

固定资本和流动资本的比例影响预付资本的周转。所谓预付资本的总周转，就是它的不同组成部分的平均周转。由于生产资本循环中不同资本的实物补偿方式是不同的，不能保持质的同一性，所以，必须使用货币资本循环来计算预付资本总周转。假设某资本家投入固定资本80000英镑，平均使用年限为10年；投入流动资本20000英镑，每年周转5次，则

预付资本的总周转=（80000/10+20000×5）/（80000+20000）

=108000/100000=1.08

公式表明：预付资本的价值周转，是和它的实际再生产时间，或者说，和它的各种组成部分的现实周转时间相分离的。一年内周转的资本价值能够大于预付资本总价值。预付资本中固定资本所占比重越大，资本周转速度越慢；反之，流动资本所占比重越大，资本周转速度越快。

2. 周转时间

周转时间分为生产时间和流通时间。

生产时间由三个部分组成：一是劳动期间。它是指一定生产部门为提供一件成品所必需的互相连接的工作日的数目。劳动期间与流动资本周转速度成反比，但对于固定资本周转没有影响。劳动期间长短影响预付资本量。马克思指出：“举办劳动期间相当长而规模又很大的事业，只有在资本积聚已经十分显著，另一方面信用制度的发展又为资本家提供方便的手段，使他可以不用自己的资本而用别人的资本来预付、来冒

① 《马克思恩格斯文集》第6卷，人民出版社2009年版，第192页。

险的时候，才完全成为资本主义生产的事情。”① 缩短劳动期间可以加速资本周转。要缩短劳动期间，一般来说要增加预付资本，同时，信用制度的发展和技术进步会促使劳动期间缩短。第二部分是自然作用时间。它是指劳动过程局部停止或全部停止、劳动对象受自然过程支配生产产品的时间。自然作用时间导致相当大一部分非生产费用的产生。自然作用时间在农业上表现得特别显著，是农村中农业和农村副业相结合的自然基础。农业中，流动资本的支出在一年的各个不同时期是极不均衡的，而回流只是按自然条件所规定的时间一次完成。在农业中，固定资本的闲置是其正常使用的一个条件，这一般说来会导致产品价值变贵。第三部分是生产资料储备时间。这是指生产资料进入生产领域，但还没有进入生产过程的储备时间。影响生产资料储备时间的因素包括生产资料更新的难易程度；供应市场的相对距离；交通运输工具的发展状况。

流通时间分为两部分：一部分是出售时间，它是资本处在商品资本状态的时间。其影响因素包括商品的销售市场和生产地点的距离、供货契约的规模。这里，交通运输对商品销售的影响很大。运输业的改良会绝对缩短商品的移动期间，从而缩短商品的周转时间。交通运输工具的变化会导致生产中心的转移。远距离运输比近距离运输相对来说要便宜。另一部分时间是购买时间，也就是资本处在货币资本状态的时间。其影响因素是离原料主要供应地的远近、交通运输条件和生产储备更新时间。

资本周转速度与周转时间成反比。资本周转时间越短，一年内的周转次数越多，资本周转速度就越快。假设产品价值=预付的流动资本价值，即不考虑固定资本的平均损耗追加到产品中的那部分价值；不考虑剩余价值；假设生产时间=劳动期间。劳动过程一周一周按相同的规模

① 《马克思恩格斯文集》第6卷，人民出版社2009年版，第261页。

进行。假定劳动时间为9周，平均每周支出100镑，9周共预付流动资本900镑。现在假定流通时间为3周。在考虑流通时间的情况下，要使生产连续进行，有两种途径：一种途径是缩小生产规模。将900镑平均分布在12周。马克思指出："这种缩小究竟有没有可能，也还成问题，因为按照不同企业中生产的发展，投资有一个标准最低限额，达不到这个限额，一个企业就没有竞争能力。"① 另一种途径是追加资本。在考虑追加资本的条件下，生产资本就等于原有资本Ⅰ和追加资本Ⅱ之和。不管劳动时间和流通时间的比例如何，也就是不管原有资本Ⅰ和追加资本Ⅱ的比例如何，在第一个周转结束以后，照例经过一段和劳动时间的长短相等的间隔时间，就会有一个劳动时间所必需的资本——也就是有一个同资本Ⅰ相等的资本额——以货币形式流回到资本家手里。在这种流回的货币中，对于当前的劳动时间来说是否有或者有多少是多余的部分，从而游离出来，并没有什么区别。假定生产按照当前的规模不间断地进行，要做到这一点，就要有货币，也就是要有货币流回，而不管它是否"游离"。因此，要使资本周转顺利进行，一方面，产业资本的一个可观部分必须不断处于货币形式；另一方面，一个更加可观的部分是必须暂时取得货币形式。

二、加快资本周转速度的作用

加快资本周转，对于剩余价值生产和流通有重要作用：

一是节约预付资本量。假设某资本的生产时间为9周，流通时间为3周，资本周转一次的时间是12周。如果每周需要支付100元，则需要预付1200元的总资本才能维持生产经营的正常进行。现在如果生产时间由9周缩短为8周，则只需要预付1100元就可以维持生产经营的正

① 《马克思恩格斯文集》第6卷，人民出版社2009年版，第286页。

常进行，故加速资本周转可以节约预付资本量。

二是提高年剩余价值量和年剩余价值率。年剩余价值量是指每年生产的剩余价值总量。年剩余价值率是一年内生产的剩余价值总量和预付可变资本的比率。如果预付可变资本是 1000 元，剩余价值率是 100%，可变资本每年周转 2 次，则年剩余价值量 = 1000×100%×2 = 2000 元；年剩余价值率 = 2000/1000 = 200%。如果可变资本每年周转 3 次，则年剩余价值量 = 1000×100%×3 = 3000 元，年剩余价值率 = 3000/1000 = 300%。因此，加快可变资本周转速度可以提高年剩余价值量和年剩余价值率。

三是增加资本家个人消费，增加资本积累。可变资本周转速度快的，除企业开始的那一个周转期间以外，它的个人消费基金可以由实现的剩余价值来偿付；周转慢的，个人消费基金必须自己预付。因此，由于剩余价值流通速度不同，引起资本家个人消费基金预付的差别，进而引起为固定资本维修所必需的追加资本的来源差别。因此，剩余价值流通速度加快导致积累情况的变化。生产规模扩大可以更加频繁地进行，同时，新的货币资本即作为资本的货币投入货币市场的比例会增加，其中至少有一大部分会重新被吸收来扩大生产。

四是影响社会再生产的正常进行。在劳动剥削程度相等时，为推动同量生产流动资本和同量劳动而预付的货币资本量是极不相同的。社会要合理规划资本周转快的和资本周转慢的部门比例，否则，经济运行就会出现混乱。马克思指出，“有些事业在较长时间内取走劳动力和生产资料，而在这个时间内不提供任何有效用的产品；而另一些生产部门不仅在一年间不断地或者多次地取走劳动力和生产资料，而且也提供生活资料和生产资料。在社会的生产的基础上，必须确定前者按什么规模进行，才不致有损于后者”。①

因此，资本周转理论揭示了企业生产经营的基本原理。企业生产经

① 《马克思恩格斯文集》第 6 卷，人民出版社 2009 年版，第 396–397 页。

营要正常进行，就要努力缩短流通时间，降低流通费用，加快资本周转，从而获得尽可能多的经济效益。

第三节　对马克思资本周转理论的不同见解

一、关于企业管理指导理论的不同见解

改革开放以来，西方管理学和微观经济学理论被大量引进中国，企业生产经营时大量采用西方理论为指导，而忽略了马克思资本周转理论对于企业生产经营的指导意义。

实事求是地说，西方管理理论对于企业生产经营具有重要的指导作用。所谓企业管理，核心是对人的管理。进行人的管理，要解决四个问题：一是管理前提。管理的前提就是人事工作。要明确工作人员必须具备的条件，招聘新人，安抚老人，确定不同工作人员的薪酬。二是为什么管人？这就涉及企业工作的目标。企业工作最核心的目标是要追求利润最大化。围绕利润最大化，企业管理人员要编制各种计划，选择合乎企业需要的行动措施。三是如何管人？要管理人员，首先要给他安排工作岗位，确定工作量。同时，要管理人员，要求领导自身要率先垂范，以身作则。四是如何评价人和激励人？这就涉及对其工作绩效的评价。当工作绩效出来后，要思考如何实现赏罚分明。正是围绕这四个方面的问题，西方管理理论形成了一套可以操作的理论体系。

如果说西方管理学更多的是从技巧的层面、内部的层面来谈企业管理的话，那么，微观经济学则更多的是从抽象的层面、外部的层面来谈企业管理。西方经济学通常将企业比喻为黑箱，这就说明它不考虑黑箱

内部的运作，而主要从外部的层面谈企业管理。它将企业看作是经济人，目标是追求利润最大化。企业该如何追求利润最大化？这就要通过市场实现。在市场上，企业作为供给者出售商品，消费者作为需求者购买商品。当供求实现均衡时，企业实现利润最大化。

因此，微观经济学和管理学对于理解企业管理具有重要的意义。但是，这两种理论存在如下不足：

（1）西方管理学和微观经济学理论是资产阶级管理学理论。它是站在资产阶级的立场上谈如何对企业进行管理，它的管理虽然是围绕人进行管理，但目的是要实现利润最大化。西方管理理论回避了管理二重性问题。正如马克思指出的，管理的职能是资本的职能，“资本家的管理不仅是一种由社会劳动过程的性质产生并属于社会劳动过程的特殊职能，它同时也是剥削一种社会劳动过程的职能，因而也是由剥削者和他所剥削的原料之间不可避免的对抗决定的”①。因此，只要存在劳资关系，这种管理的实质就是为榨取工人剩余价值而进行的管理，这导致企业内部劳资对抗的不可避免，而这种对抗关系本质上是无法进行管理的。

（2）西方管理学理论的核心是人的管理，企业内部事务的管理。微观经济学则侧重于市场方面的管理。因此，单独看两个理论都存在不足。只有把两者结合起来才能构成完整的企业管理。这与马克思的资本循环周转理论构成明显差别。马克思的资本循环周转理论将企业内部管理与外部管理有机结合起来。资本循环理论的三个阶段，是生产过程和流通过程的统一。生产过程侧重于企业内部管理，流通过程则侧重于企业外部管理。因此，资本循环理论已经将企业内外部管理统一到一个理论中去，同时，资本周转理论进一步深入研究了企业生产过程的管理。因此，只有马克思的资本循环周转理论才完整地概述了企业管理。

---

①《马克思恩格斯文集》第5卷，人民出版社2009年版，第384页。

因此，我国企业管理要在吸收西方管理学和微观经济学企业管理思想时，更加突出地将马克思的资本循环周转理论作为企业管理指导理论。它具有如下三个突出特点：

（1）企业管理是有立场的。马克思指出了资本主义企业管理的二重性。因此，分析企业管理，首先要从立场角度出发思考企业管理。同样是企业，国有企业和资本主义企业的性质不同，运营的目标不同，运营的手段有差异，不能直接将代表资产阶级立场的管理学理论照抄照搬到社会主义企业管理上，必须构建有中国特色的国有企业管理学。

（2）必须强调企业管理的动态性。在《资本论》第二卷中，马克思指出，资本是一种运动。运动是资本的突出特征。资本的购、产、销这三个环节运动中，只要有一个环节出现问题，资本就不能正常运转。分析企业管理，必须从动态的角度出发思考企业管理。对于人财物、购产销的管理都要进行动态分析，要考虑不同环节的风险点、增长点和平衡点，从而做到进退自如。

（3）必须强调内外结合。企业要从生产与流通的统一角度思考企业管理。不能仅考虑市场，也不能仅考虑生产。要从市场的变化、从宏观经济的变化出发调整企业生产经营，服从市场，适应市场。同时，又要通过创新提高企业的竞争能力，让市场适应生产。只有做到内外结合，才能使企业立于不败之地。

二、关于国有资本性质的不同见解

在计划经济时代，我国始终认为资本是资本主义性质的范畴，因此，在国有企业中忌讳谈论资本，而用资金、资产等概念代替资本范畴。这种替代混淆了资本、资金和资产的区别。资金是指投资者投入企业的资金，它是以货币形式存在的。资本则是以三种形式存在：货币资本、生产资本和商品资本。所以，资金是企业生产的第一推动力，但资金只是资本存在的一种形式，用资金代替资本是不妥当的。所谓资产，根据会计学的解释，是指过去的交易事项形成的并由企业拥有或者控制的资源，该资源预期会给企业带来经济利益。可见，会计学对资产的定义更多地是从物质形态上来理解的。但是，马克思所讲的资本与资产比起来有两点显著的区别：一是资本的本质是人而不是物。“资本不是物，而是一定的、社会的、属于一定社会历史形态的生产关系，后者体现在一个物上，并赋予这个物以独特的社会性质。”① 所以，可以把资产理解为资本的物质形态表现，更重要的是要透过这种表象看到资产所体现的劳资关系的实质。其次，马克思讲资本，更注重强调资本是一种运动。马克思指出，资本“只能理解为运动，而不能理解为静止物”。② 资产这个概念更多的是一种静态的概念。如果资产不能运动，资产就无法转化为资本。所以，总体来看，用资金、资产范畴来代替资本范畴回避了资本范畴所体现的人与人之间的生产关系，无法揭示资本要求不断运动的本质。

因此，对于国有企业，必须采用国有资本这个范畴。如何理解国有资本的范畴则存在争议。有观点认为国有企业一旦使用资本范畴，就意味着国有企业与剥削联系起来。该观点值得商榷。所谓剥削，是指资本家凭借生产资料所有权无偿占有工人劳动创造的剩余价值。在国有企业中，国家占有生产资料所有权，国有企业工人劳动创造的价值分为两个部分：一个部分是国企工人为自己创造的价值，满足工人自身对生活资料的需要；另一个部分则是国企为社会创造的价值，满足社会需要。在市场经济条件下，国企为社会创造的价值是以利润的形式表现出来，但是，这部分利润不是归资本家私人所有，而是归国家所有，这里不存在

① 《马克思恩格斯文集》第7卷，人民出版社2009年版，第922页。

② 《马克思恩格斯文集》第6卷，人民出版社2009年版，第121—122页。

剥削。可见，使用国有资本这个范畴不等于国有企业存在剥削。这是两个不同的范畴，不能混淆。

使用国有资本这个范畴，有利于说明国有企业的性质。国有企业首先是企业。既然是企业，就存在资本运营的问题。这样，马克思关于资本循环周转的理论就可以用来分析国有企业的生产经营情况。既然是企业，就要追求利润最大化。其次，必须明确，国有企业的生产资料所有权归国家所有。传统观点认为在计划经济条件下，公有制企业的生产资料归全民所有。但实际上全民所有就等于国家所有。如果继续强调全民所有，则很容易产生两个问题：一是既然生产资料归全民所有，如何在全民中体现生产资料所有权？根据马克思主义的基本原理，掌握生产资料所有权，目的是要获得经济利益。如果强调生产资料归全民所有，全民的经济利益从何实现，这个是理论上无法解决的难题。二是有可能为生产资料私有化提供理论依据。既然生产资料归全民所有，那么，为落实生产资料所有权，就可以将生产资料所有权量化到个人，每个人都可以凭借量化的生产资料所有权获取收益，这就为生产资料私有化打开了方便之门。正是由于存在这两个问题，所以，在今后的政策宣传中，必须逐渐淡化全民所有的概念，而是强调国家所有。国有企业的生产资料所有权归国家所有，这个在理论上和现实中都是讲得通的。我国是社会主义国家，政府是广大人民利益的代表者，生产资料归国家所有，能够有效防止国家所有的生产资料被私人瓜分，防止出现全盘私有化。

使用国有资本概念，有利于解决两权分离问题。任何资本都要找到其人格化代表。在生产资料归私人所有的情况下，其人格化代表就是资本家。当生产资料归国家所有时，也必须找到其人格化代表。国企改革30多年的最重要成果就是找到了国企的人格化代表，即国资委。以国资委作为国企的人格化代表是合适的。国资委作为所有权代表，打破了国企“九龙治水”的局面，有利于落实生产资料所有权、加强国有资产监管和实现国有企业的保值增值。同时，生产资料归国家所有并不等于国家要直接经营企业，而是由国家根据现代企业制度的要求，实现生产资料所有权和经营权的分离，建立现代企业治理结构。

三、关于国有资本运营基本原理的不同见解

对于私营企业而言，资本运营的根本原理就是资本家通过剥削雇佣工人追求利润最大化。有观点认为国有企业既然是企业，也要遵循这个基本原理。这是对国有企业运营的误解。国有企业运营也要追求利润最大化，但这与私营企业追求利润最大化存在区别：

(1) 国有企业追求利润最大化是手段，而不是目的。对于私营企业而言，追求利润最大化是企业运营的根本目的。马克思指出，剩余价值规律是资本主义市场经济运行的根本规律，同时，追求利润最大化也是社会主义市场经济条件下非公有制经济运行的根本目的。但是，作为国有企业，追求利润最大化是国有企业资本运营的手段，而不是目的。因为国有资本所有权归国家所有，国家兴办国有企业，除了要实现国有企业资本保值增值，还有自己的特殊目的。国有企业是建设创新型国家的主力军，是履行企业社会责任、维护国家安全、缩小收入分配差距、保持社会大局稳定的主力军。一言以蔽之，国有企业就是中国特色社会主义的“普照的光”。① 国有企业追求利润最大化仅仅是其手段，其目的是要通过国有企业，影响、带动、改造非公有制经济，从而共同实现中国梦，实现中国特色社会主义共同富裕的远大理想。

---

① 原文如下：“在一切社会形式中都有一种一定的生产决定其他一切生产的地位和影响，因而它的关系也决定其他一切关系的地位和影响。这是一种普照的光，它掩盖了一切其他色彩，改变着它们的特点。”引自马克思：《〈政治经济学批判〉导言》，《马克思恩格斯文集》第 8 卷，人民出版社 2009 年版，第 31 页。

（2）国有企业中的工人与高管关系是新型劳动关系。这种新型劳动关系不是资本主义企业中的劳资关系，因为在国企中不存在剥削关系。同时，这种关系也不是马克思所设想的社会主义计划经济条件下的劳动关系。在计划经济条件下，劳动者共同占有生产资料，按照劳动的数量和质量直接分配劳动成果。当前国企劳动者关系是在社会主义市场经济条件下的劳动关系。国企高管存在两重身份，第一重身份是劳动者的身份，作为劳动者，国企高管付出的劳动是复杂劳动。这一重身份与国企员工的身份是相同的。第二重身份是国有资产所有权的代表。作为国有资产所有权的代表，它受国有资产所有者的委托占有生产资料，管理整个国有企业。这一重身份是普通国企员工所不具备的。这种新型劳动关系决定了国企生产经营者的双重特点：一是作为普通劳动者的一员参加劳动，同时，又作为国有资产所有者的代表管理企业。国企高管的两重身份是新型劳动关系的根本特征。

因此，在分析国有资本运营时，要考虑到资本循环周转原理应用的特殊性。资本循环周转原理揭示了企业生产经营的基本原理，具有普通的适用性。非公有制企业可以用，国有企业也可以用。但是，国有企业在应用资本循环周转原理时，必须要考虑其特殊性，国有企业的劳动关系有其自身的特点，其追求利润最大化只是手段，而不是目的。只有把握这两个特点，才能更好地将资本循环周转理论应用到现实的国企运营中去。

第四节　马克思资本周转理论的现实意义

学习资本周转理论，对于加速我国企业资本周转，提高资金效益，具有重要意义。

一、企业要将提高资本周转作为企业生产经营的重要目标

资本周转速度越快，劳动者提供的剩余价值就越多，企业所获得的剩余价值就越多。同时，资本周转越快，企业所需要预付的资本就越少，在资本总量一定的条件下，企业就有更多的资本投入扩大再生产，从而获得更高的经济效益。所以，企业要将加快资本周转作为生产经营的重要目标。企业要设立多个指标来判断企业资本周转状况。在资金周转环节方面，企业可以用年剩余价值量和年剩余价值率这两个指标判断企业资金周转的好坏。一般说来，当年剩余价值量和年剩余价值率大于剩余价值量和剩余价值率时，说明企业资本周转快，效益好。在生产环节，可以用员工数等指标判断企业生产状况。一般说来，当企业效益好时，企业会增加雇佣工人，因此，可以从企业历年雇佣工人的变动状况判断企业效益的好坏。在销售环节，可以用应收账款、库存量判断企业销售是否正常。当应收账款不断增加时，说明企业销售不畅，商品周转缓慢，企业靠赊销来加速商品周转，这对于企业来说风险在不断累积。当库存量不断增加时，说明企业商品销售不畅。因此，通过相关指标就可以判断企业资本周转的快慢，从而为相关部门决策提供重要依据。

二、企业要努力寻找加快资本周转的途径和方法

马克思指出，加快资本周转，一是要处理好固定资本和流动资本的比例；二是要缩短资本周转时间。这两种方法，对于企业加快资本周转具有重要的指导意义。

（1）企业要合理分配生产资本，处理好部门内部和部门之间的固定资本和流动资本的比例，加快资本周转。由于各个生产部门的固定资本和流动资本比重不同，因此，要合理分配不同部门的资本比例。一般

说来，生产资料部门资本周转速度慢，生产生活资料部门资本周转速度快，因此，国家在进行投资时，要安排好生产资料部门和生活资料部门的投资比重，防止将大量资本投资于生产资料部门，从而造成资本周转缓慢。

这里要注重合理利用折旧基金。折旧基金在性质上属于补偿基金，但是，在需要用实物补偿固定资本前，折旧基金属于闲置基金，因此，必须合理利用这部分资金。一是合理确定折旧率。折旧率过高或过低，都不利于企业合理估计利润和合理确定企业固定资本更新。在确定折旧率时，不仅要考虑有形磨损，更要注重无形磨损。对于高科技企业来说，要特别关注无形磨损。二是要合理利用折旧基金。要在保证企业简单再生产的基础上，将暂时闲置的折旧基金用于购买新的机器设备，从而扩大再生产。

（2）努力缩短生产时间和流通时间。企业要缩短生产时间，一是要努力缩短劳动时间。这就要不断追求技术进步，提高劳动生产率，用新技术、新工艺替代落后的技术和工艺。同时，要对生产过程进行科学合理的组织和管理，缩短劳动时间。二是要有合理的生产储备。企业的生产储备要科学合理，储备产品太多，容易积压大量资金，不利于企业提高生产效益，但是，如果企业生产资料储备太少，则有可能造成生产中断。所以，企业要科学合理规划生产资料储备。三是要有合理的人员储备，老中青之间要形成合理的梯队，以老带青，发挥中年骨干作用，从而保证人力资源充足，防止人才断档影响企业生产经营的正常进行。

企业要努力缩短流通时间。一是企业选址要合理。要从合理招聘工人、合理采购生产资料、合理销售产品的角度考虑企业选址，从而缩短流通时间。二是企业选址要考虑交通便利。要选址航空、铁路、公路交织的地方，从而缩短商品运输时间。

企业要善于利用信用体系缩短资金周转时间。信用制度的方便与否，对于企业资金运转起着十分重要的作用。企业要善于利用银行、交易所等融资机构，通过间接融资和直接融资工具加快资金流转，从而不断提高企业效益。

三、处理好外延扩大再生产和内涵扩大再生产的关系

马克思指出："如果生产场所扩大了，就是在外延上扩大；如果生产资料效率提高了，就是在内涵上扩大。"① 这意味着，扩大再生产有两种类型，一种是外延扩大再生产，另一种是内涵扩大再生产。外延扩大再生产主要是通过增加生产要素的数量来扩大再生产的，属于粗放型扩大再生产；内涵扩大再生产则主要是通过提高生产要素的质量来扩大再生产，属于集约型扩大再生产。

这两种类型的扩大再生产对于企业扩大再生产具有重要意义。一般说来，企业在发展壮大过程中，都面临着做大还是做优的选择。在受到资金总量等各种条件约束的情况下，很多时候两者难以兼顾。这时候，企业要从自身情况出发，要么走集约型发展的道路，先做优，然后再慢慢做大；要么走扩张型的发展道路，先提高市场占有率，然后再慢慢投入研发，做优产品。从长远来看，任何一个企业要想在市场上站稳脚跟，还是要靠做优产品，这是企业最终能够获得市场承认的根本法宝。

四、政府要合理安排好生产周期长的部门和生产周期短的部门之间的比例关系

马克思指出，"有些事业在较长时间内取走劳动力和生产资料，而在这个时间内不提供任何有效用的产品；而另一些生产部门不仅在一年

① 《马克思恩格斯文集》第6卷，人民出版社2009年版，第192页。

间不断地或者多次地取走劳动力和生产资料，而且也提供生活资料和生产资料。在社会的生产的基础上，必须确定前者按什么规模进行，才不致有损于后者”。① 马克思还指出：“如果我们设想一个社会不是资本主义社会，而是共产主义社会……因而货币资本所引起的交易上的伪装也会消失。问题就简单地归结为：社会必须预先计算好，能把多少劳动、生产资料和生活资料用在这样一些产业部门而不致受任何损害，这些部门，如铁路建设，在一年或一年以上的较长时间内不提供任何生产资料和生活资料，不提供任何有用效果，但会从全年总生产中取走劳动、生产资料和生活资料。”② 这两段话对于社会主义经济发展具有重要的指导意义。

在社会主义市场经济发展过程中，不同部门的生产周期是不同的。有些部门，如铁路、航空、水利设施建设，研发周期长，资金投放量巨大，它们往往要历经十几年甚至几十年才能真正投产发挥效益，而在这些部门投产发挥效益前，要不断地从国家财政、从社会要走资金、劳动力等各种资源。因此，如果社会把大量资金都投入到这些部门，必然会影响其他生产资料和生活资料的生产，影响老百姓生活水平的提高。像农业、餐馆、商店等短平快项目，当年投产、当年见效，对于提高群众生产具有重要意义，社会主义国家一定要处理好长周期项目与短周期项目的关系，从而保证投资和消费关系平衡。苏联社会主义建设的惨痛教训表明，如果一个国家将大量资本投入到航空工业、重工业等部门，而忽视老百姓生活水平的提高，最后的结果很可能是卫星上天，但却得不到人民的拥护。所以，社会主义国家一定要研究不同部门的生产周期，把握两者的关系，推进资本周转顺利进行。

① 《马克思恩格斯文集》第6卷，人民出版社2009年版，第396-397页。

② 《马克思恩格斯文集》第6卷，人民出版社2009年版，第349页。

第三章　马克思的社会资本简单再生产理论

社会再生产理论揭示了国民经济运行的基本原理。研究社会再生产理论，有助于掌握国民经济运行规律，推动我国国民经济正常运行。

第一节　马克思社会资本简单再生产理论的思想来源

马克思社会再生产理论是在批判地继承魁奈等古典政治经济学家再生产理论基础上形成的。

一、魁奈的《经济表》

马克思对魁奈的《经济表》评价很高。他指出，魁奈的《经济表》“是在十八世纪三十至六十年代政治经济学幼年时期做出的，这是一个极有天才的思想，毫无疑问是政治经济学至今所提出的一切思想中最有天才的思想”。①

① 马克思:《马克思恩格斯全集》第 26 卷（上），人民出版社 1972 年版，第 366 页。

魁奈把社会分为三个阶级：生产阶级、不生产阶级和所有者阶级。生产阶级是靠耕种土地每年生产国家财富的阶级。他们预付耕作上的各种费用，并且每年向土地所有者支付收入。预付有原预付和年预付之分。魁奈认为“农业经济是国家财富的真正源泉”，① 因此，只有生产阶级才生产纯产品。纯产品是生产阶级生产的，生产阶级从它们每年更新的再生产中，首先扣除了补充其年预付和维持其耕作的必要财富之后，每年向所有者阶级支付的。所有者阶级包括国王、土地所有者和什一税所有者。这个阶级靠收入或耕作的纯产品生活。不生产阶级是从事耕作以外的其他服务和工作的人。它们的费用是由生产阶级和所有者阶级支付的，而所有者阶级本身的收入也是从生产阶级中取得的。魁奈认为不生产阶级不生产纯产品，工业劳动不增加财富。魁奈指出：“作为耕作费用的财富同工业的财富就迥然不同了。前者能产生盈利，后者能生产制造品，其价值只能等于制造它们所花的费用……工业劳动创造的财富，借助于土地提供的收入才得以产生，它本身是不生产财富的，这种财富只有借助于土地收入才能再生产。”②

魁奈的《经济表》揭示了三个阶级之间的交易。魁奈给出 4 个基本假设条件：土地能够以可能最好的方法进行耕作，它每年的再生产价值是 50 亿利弗尔；相互通商的国家现行价格保持稳定；相互通商的国家存在不间断的自由贸易；用于耕作的财富的财产权完全有保障。如图 3-1 所示：

① 魁奈：《魁奈〈经济表〉及著作选》，华夏出版社 2006 年版，第 19 页。

② 魁奈：《魁奈〈经济表〉及著作选》，华夏出版社 2006 年版，第 145 页。

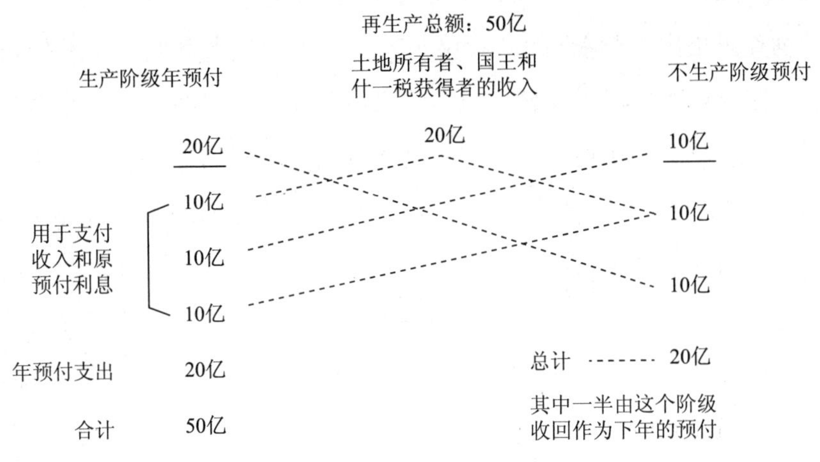

图 3-1　魁奈的《经济表》

生产阶级的年预付是 20 亿利弗尔。它们生产了 50 亿利弗尔的农产品。这些农产品分为三部分：20 亿农产品，用于补偿年预付支出，不进入三个阶级间流通；20 亿纯产品，用于支付所有者收入；10 亿农产品，用于支付原预付的利息。不生产阶级预付 10 亿，生产出价值 20 亿的工业品。在此情况下，魁奈用五根线表述三个阶级之间的交易：第一，所有者阶级用 10 亿利弗尔向生产阶级购买农产品。于是，生产阶级获得 10 亿利弗尔。第二，所有者阶级用 10 亿利弗尔向不生产阶级购买工业品。于是，不生产阶级获得 10 亿利弗尔。第三，不生产阶级用获得的 10 亿利弗尔向生产阶级购买生活资料。于是，生产阶级获得 10 亿利弗尔。第四，生产阶级花费 10 亿利弗尔向不生产阶级购买工业品，用于下年的再生产和生活消费。于是，不生产阶级获得 10 亿利弗尔。第五，不生产阶级花费 10 亿利弗尔向生产阶级购买农产品作为工业品原料，作为下一年的预付。10 亿利弗尔作为利息留在生产阶级手中。通过交易，所有者阶级有 10 亿农业品和 10 亿工业品；生产阶级有 20 亿货币收入、10 亿工业品、20 亿的农产品；不生产阶级有 20 亿农产品，其中 10 亿作为生活资料；10 亿作为工业原料。然后，生产阶级将

20亿收入交给所有者阶级，从而保证了下年再生产的继续进行。

马克思指出："魁奈的《经济表》用几根粗线条表明，国民生产的具有一定价值的年产品怎样通过流通进行分配，才能在其他条件不变的情况下，使它的简单再生产即原有规模的再生产进行下去。"①因此，魁奈的《经济表》是对国民经济进行的首次系统分析，具有重要意义。当然，魁奈的分析也有不足。如强调农业是创造财富的源泉，而不认为工业等其他部门创造财富，没有考虑不生产阶级的自身补偿问题等等。马克思的社会资本再生产理论就是在批判继承魁奈《经济表》思想上发展起来的。

二、亚当·斯密的社会再生产理论

亚当·斯密没有关于社会再生产理论的系统见解。斯密关于社会再生产的观点可以概括如下：

（1）斯密将全部年产品的价格分解为工资、利润和地租三个部分。斯密认为，商品价格由工资、利润、地租三部分组成。"在每一个社会中，每一种商品的价格最后均分解为这三部分的某一部分或全部；在每一种进步的社会中，这三部分均或多或少地进入大部分商品的价格，成为其组成部分。"②这里，斯密把不变资本排除在外。对此，斯密指出："例如，在谷物价格中，一部分支付地主的地租，一部分支付在生产中所使用的劳动者的工资或役畜的维持费，第三部分支付农场主的利润。这三部分似乎直接或最后构成谷物的全部价格。或许可以设想，必须还有第四部分，用来抵偿农场主的资本，即补偿役畜和其他耕种用具的损耗。但是必须看到，任何耕种用具，例如役畜的价格，也是由同样的三

① 《马克思恩格斯文集》第6卷，人民出版社2009年版，第398页。

② 亚当·斯密：《国富论》（上），陕西人民出版社2001年版，第64页。

部分组成的：用来饲养它的土地的地租，饲养和照料它的劳动［工资］，以及垫支这一土地的地租和这种劳动的工资的农场主的利润。因此，虽然谷物的价格可以支付耕马的维持费和价格，整个价格仍然直接或最后分解为同样的三部分，即地租、劳动和利润。"① 由于每一种具体商品的价格，分开来看，分解成为三部分中的某一部分或全部，因此，斯密指出，"构成一国劳动全部年产的所有商品的价格，合起来看，也必然分成同样的三部分，作为劳动的工资、资本的利润和土地的地租，分给该国不同的居民"。②

（2）斯密将收入分为总收入和纯收入。斯密指出："虽然一国土地和劳动年产品的全部价值是这样划分并构成不同居民的收入，但是，就像私人地产的地租区分为总地租和纯地租那样，大国所有居民的收入也可这样划分……大国全体居民的总收入包含他们的土地和劳动的全部年产品，纯收入是扣除他们的固定资本和流动资本的维持费以后剩下可供他们自由支配的部分。"③

马克思指出："亚·斯密在叙述再生产过程从而积累时，与他的前辈特别是重农学派相比，在很多方面不仅没有进步，而且还有决定性的退步。"④ 马克思将斯密关于社会再生产理论的观点突出地概括为"斯密教条"。他指出："亚·斯密的教条是：每一个单个商品——从而合起来构成社会年产品的一切商品（他到处都正确地以资本主义生产为前提）——的价格或交换价值，都是由三个组成部分构成，或者说，分解为工资、利润和地租。这个教条可以还原为：商品价值=v+m，即等于预付可变资本的价值加上剩余价值。"⑤ 斯密教条的错误是：一是

① 亚当·斯密：《国富论》（上），陕西人民出版社2001年版，第64-65页。

② 亚当·斯密：《国富论》（上），陕西人民出版社2001年版，第66页。

③ 亚当·斯密：《国富论》（上），陕西人民出版社2001年版，第324-325页。

④ 《马克思恩格斯文集》第5卷，人民出版社2009年版，第682页。

⑤ 《马克思恩格斯文集》第6卷，人民出版社2009年版，第410页。

混淆了年产品价值和年价值产品。年价值产品是社会劳动在当年生产的全部价值，年产品价值是社会总产品的价值。二是没有区分劳动的二重性。全部年产品，即每年生产的商品的总额，是当年耗费的有用劳动的结果，但年产品价值只有一部分是当年劳动创造的，这一部分产品就是年价值产品，它体现了一年之内所推动的劳动的总和。马克思深入剖析了斯密错误的根源。他指出："亚·斯密把一般商品生产和资本主义商品生产等同起来……因此，对商品价值的分析，也直接与这种考虑相一致：一方面这个价值在什么程度之内只是所花费的资本的等价物；另一方面它在什么程度之内是'免费的'、不补偿任何预付资本价值的价值，即剩余价值。从这个观点加以互相比较的各部分商品价值，这样就不知不觉地转化为它的独立的'组成部分'，并且最终地转化为'一切价值的源泉'。"①

马克思指出："斯密的混乱思想一直延续到今天，他的教条成为政治经济学的正统教条。"② 李嘉图几乎是逐字地重复斯密的理论。拉姆赛提出产品要有一部分补偿固定资本。这就混淆了固定资本和流动资本、不变资本和可变资本的差别。"巴顿、拉姆塞、舍而比利埃都试图超出斯密的解释。他们失败了，因为他们不能把不变资本价值和可变资本价值之间的区别，与固定资本和流动资本之间的区别明确地分开，从而一开始提出问题就是片面的。"③

马克思正是在批判地继承魁奈、斯密等古典政治经济学家思想的基础上，提出了社会再生产理论。

① 《马克思恩格斯文集》第6卷，人民出版社2009年版，第431页。
② 《马克思恩格斯文集》第6卷，人民出版社2009年版，第434页。
③ 《马克思恩格斯文集》第6卷，人民出版社2009年版，第434页。

第二节　马克思社会资本简单再生产理论的主要内容

资本循环和周转理论是针对单个资本而言的。在资本主义社会，每个企业的资本独立进行循环，实现价值增殖。这种独立发挥作用的资本就是个别资本。各个独立的个别资本，并不是彼此孤立、互相隔绝的，而是相互依赖、密切联系的。这种互相联系的个别资本的总和，就是社会资本，也称为社会总资本。同个别资本运动相比，社会资本运动不仅包括生产消费和作为其中介的交换，也包括工人和资本家的生活消费和作为其中介的交换。生产消费和生活消费是互相交织在一起的。因此，社会资本运动是资本流通和一般商品流通的统一。

一、社会资本再生产的核心问题

（1）社会资本再生产研究的出发点是社会总产品。社会资本再生产研究的出发点是社会总商品资本，即社会总产品。社会总产品是社会资本执行职能的结果，是社会在一定时期内（通常是一年）所生产的全部物质资料的总和。研究社会资本运动要从商品资本循环 W′—G′ · G—W…P…W′进行分析。因为在 W′… W′运动中，正是要通过说明这个总产品 W′的每一价值部分会变成什么，才能认识社会再生产的条件。

（2）社会资本再生产的核心问题是社会总产品的实现问题。社会总产品的实现问题是社会资本再生产的核心问题。要实现社会总产品，就要求社会总产品的各个组成部分在价值上得到补偿和在实物上得到补偿。所谓价值补偿，是指社会总产品的各部分价值，从商品形式转化为货币形式，也就是社会总产品价值的各个组成部分通过市场交换得以实现。所谓实物补偿，是指社会总产品价值的各个部分实现为货币形式后，转化为所需要的商品，也就是资本家所需要的生产资料、工人和资本家所需要的消费资料通过市场交换获得。之所以这两个问题是社会资本再生产的核心问题，是因为在研究单个资本再生产时，假定资本的流通正常进行，假定工人和资本家的个人消费能够正常进行。但是，“当我们考察社会总资本及其产品价值时，这种仅仅从形式上来说明的方法，就不够用了。产品价值的一部分再转化为资本，另一部分进入资本家阶级和工人阶级的个人消费，这在表现为总资本的结果的产品价值本身内形成一个运动。这个运动不仅是价值补偿，而且是物质补偿，因而既要受社会产品的价值组成部分相互之间的比例的制约，又要受它们的使用价值，它们的物质形态的制约”①。

二、社会资本再生产的两个基本原理

社会总产品在实物上分为两大部类和在价值上由三个部分组成，是社会资本再生产的两个基本原理。

从实物形态来看，按照所生产产品的最终用途，可以将社会总产品分为生产资料和生活资料（也称为消费资料）两个部类。生产资料是人们从事物质资料生产所必需的一切物质条件，包括土地、森林、矿藏、机器、厂房、原材料等等。生活资料是用于满足人们物质和文化需要的那部分社会产品，包括人们衣食住行等各种消费品。相应地，整个社会生产也可以分成两个部类：第Ⅰ部类是生产生产资料的部类；第Ⅱ部类是生产消费资料的部类。

从价值形态来看，每一部类的社会年产品价值都由不变资本（用 c

① 《马克思恩格斯文集》第 6 卷，人民出版社 2009 年版，第 437-438 页。

表示)、可变资本（用 v 表示）和剩余价值（用 m 表示）三个部分组成。就不变资本而言，在生产上使用的全部生产资料的价值，分为固定不变资本和流动不变资本。代表生产上消费掉的不变资本的那部分价值和生产上使用的不变资本的价值是不一致的。

马克思从社会资本再生产的两个基本原理出发，分析简单再生产和扩大再生产这两种类型下社会总产品的实现问题。

三、两大部类之间的交换关系

1. 简单再生产是扩大再生产的前提和基础

分析社会资本再生产必须从简单再生产开始。这是因为：

（1）简单再生产是扩大再生产的现实要素和出发点。为了使扩大再生产能够顺利进行，先要达到原有的生产规模，然后以此为出发点，进行扩大再生产。可见，简单再生产是扩大再生产的组成部分，是扩大再生产所必经的阶段。

（2）简单再生产是扩大再生产的物质基础。要扩大再生产，就必须有一定数量的追加生产资料和生活资料。这些追加的物质要素，都是上一期生产出来的，是原来简单再生产节余和积累的结果。所以，扩大再生产所需要的物质资料只能由简单再生产提供出来，扩大再生产只能在简单再生产的基础上进行。

2. 社会资本简单再生产的基本交换关系

马克思研究社会资本简单再生产有以下假定前提：一是假定产品按照价值进行交换。因为如果价格同价值发生偏离，单个资本家分到的价值份额不再与预付资本成比例，不再与各自生产的剩余价值量成比例，但是，交换总量没有改变。所以，对社会资本运动没有影响；二是假定生产资本组成部分不发生价值革命。因为如果普遍和均衡地发生，则价值革命不会改变全部年产品的价值组成部分之间的比例；三是假定剩余价值率为100%；四是假定剩余价值全部用于个人消费；五是假定两大部类的资本有机构成均为4∶1；六是假定所费不变资本等于所用不变资本。

从上述假定出发，马克思给出社会资本简单再生产的研究公式：

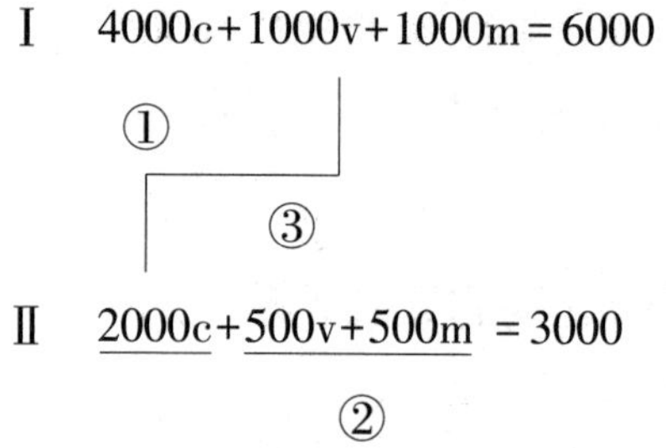

Ⅰ　4000c+1000v+1000m=6000

①　　③

Ⅱ　2000c+500v+500m=3000

②

在这个公式中，社会总产品是由生产资料和生活资料这两大部类中所有企业生产的。第Ⅰ部类生产的产品价值6000，其实物形态是生产资料；第Ⅱ部类生产的产品价值3000，其实物形态是生活资料。当年生产的社会总产品价值9000。为了保证第二年简单再生产的顺利进行，两大部类的产品必须经过相互间的交换，才能实现价值补偿和实物补偿。这表现为三大基本的交换关系：

（1）第Ⅰ部类内部的交换关系。Ⅰ4000c，在实物形态上由生产资料构成，在价值形态上代表本部类所消耗掉的生产资料价值。为维持简单再生产的继续进行，资本家必须卖掉这部分产品实现价值补偿，同时，买回新的生产资料实现实物补偿。因此，这部分产品的实现问题可以通过第Ⅰ部类内部的相互交换来得以解决。

（2）第Ⅱ部类内部的交换关系。Ⅱ500v+500m，它们在实物形态上由消费资料构成，在价值形态上表示工人和资本家用于消费的消费资料的价值。为了维持简单再生产的进行，资本家必须卖掉这部分消费资料实现价值补偿，同时，工人和资本家必须买回新的消费资料实现实物补偿。因此，这部分产品的实现问题可以通过第Ⅱ部类内部的相互交换得以解决。

（3）第Ⅰ部类和第Ⅱ部类之间的交换关系。第Ⅰ部类的1000v+1000m，它们在实物形态上由生产资料构成，在价值形态上表示工人和资本家用于消费的消费资料的价值，为了维持简单再生产的进行，资本家必须卖掉这部分生产资料实现价值补偿，同时，工人和资本家必须买回新的消费资料实现实物补偿；第Ⅱ部类的2000c，它们在实物形态上由消费资料构成，在价值形态上表示本部类消耗掉的生产资料的价值，因此，资本家需要卖掉这部分消费资料实现价值补偿，同时，买回新的生产资料实现实物补偿，因此，这部分产品的实现问题可以通过两大部类的相互交换来实现。

通过三大交换，社会总产品在价值上和实物上得到补偿，简单再生产就能够顺利进行。

3. 社会资本简单再生产的实现条件

$$\text{Ⅰ}\ (v+m) = \text{Ⅱ}\ c$$

公式含义：第Ⅰ部类的可变资本加上剩余价值，应等于第Ⅱ部类的不变资本。

这一公式是简单再生产实现的基本条件。它体现了两大部类之间的内在联系。两大部类之间的交换要顺利进行，必须保持一定的比例关系。只有满足这个条件，社会总产品的各个组成部分才能顺利实现价值补偿和实物补偿。

因此，在简单再生产条件下，两大部类之间以及两大部类内部只有保持一定的比例关系，才能实现社会总产品，推动国民经济协调发展。

四、第Ⅱ部类内部的交换

第Ⅱ部类是由种类繁多的产业部门构成的，按照产品用途可以分为两大分部类：Ⅱa：必要消费资料部类。该分部类产品既供工人消费，也供资本家消费；Ⅱb：奢侈消费资料部类。该分部类产品专供资本家消费。

假定两个分部类剥削率相同；假定资本家将剩余价值的60%用于购买必要消费资料，40%用于购买奢侈消费资料，则第Ⅱ部类两个分部类价值组成为

Ⅱ a　1600c+400v+400m=2400

Ⅱ b　400c+100v+100m=600

这两个副类的产品实现途径是：

首先，在Ⅱa当中，有400v产品是在本副类内部实现的，因为本副类工人需要这些生活必需品。此外，Ⅱa类的资本家会用60%的剩余价值购买生活必需品，因此，在Ⅱa当中，还有240m也在本副类内部实现。

其次，在Ⅱb当中，资本家要把40%用于购买奢侈品，因此，有40m在本副类内部实现。

再次，Ⅱa资本家还会把40%，即160m用于购买奢侈品，Ⅱb的工人有100的工资收入以及Ⅱb的资本家有60m用于购买生活必需品。因此，通过两个副类之间的交换，可以实现Ⅱa的160m产品与Ⅱb的100v和60m产品交换。可以用下图表示：

$$\text{Ⅱ } a\ \frac{\text{v}}{400v\ (a)}+\frac{m}{240m\ (a)\ \ +100m\ (b)\ \ +60m\ (b)}=800$$

$$\text{Ⅱ } b\ \frac{\text{v}}{100v\ (a)}+\frac{m}{60m\ (a)\ \ +40m\ (b)}=200$$

最后，还有Ⅱa的1600c和Ⅱb的400c这两部分产品，它们代表消耗掉的不变资本的价值，必须用相应的生产资料来替换，故它们通过与第Ⅰ部类v+m交换来实现。与此相适应，第Ⅰ部类2000Ⅰ（v+m）

本身也会这样分割：Ⅰa(800v+800m）生产与必要生活资料交换的生产资料，Ⅰb200v+200m 生产与奢侈品交换的生产资料。可以用下列图式表示上述交换关系：

$$\text{Ⅰ}\ a\,\frac{800v+800m}{800v+480m_a+320m_b}\qquad \text{Ⅰ}\ b\,\frac{200v+200m}{200v+120m_a+800m_b}$$

$$\text{Ⅱ}\ a\,\frac{800c+480c+200c+120c}{1600c}\qquad \text{Ⅱ}\ b\,\frac{320c+80c}{400c}$$

分析这两大部类的交换，可以看到，Ⅰa 部类生产（800v+800m）与必要生活资料交换的生产资料，其中，该部类工人需要 800 的生活资料，故这个 800v 与Ⅱa 中的 800 生活资料交换。该部类资本家需要价值 480 的必要生活资料，故这个 480 与Ⅱa 中的 480 交换，同样，该部类中的价值 320 生产资料与Ⅱb 中的奢侈品交换。同样，Ⅰb200v+200m 生产与奢侈品交换的生产资料，其中，该部类工人需要价值 200 的必要生活资料，故它与Ⅱa 中的价值 200 的必要生活资料交换，该部类资本家需要价值 120 的必要生活资料，故这个 120 与Ⅱa 中的 120 交换，同样，该部类中的价值 80 生产资料与Ⅱb 中价值 80 的奢侈品交换。

通过上述分析，可以得出下列结论：

（1）必要消费资料的生产和奢侈消费资料的生产之间的比例，是以Ⅱ（v+m）在Ⅱa 和Ⅱb 之间的分割为条件的，因而也是以Ⅱc 在（Ⅱa）c 和（Ⅱb）c 之间的分割为条件的。这种分割从根本上影响生产的性质和数量关系，因而对社会总资本的再生产是一个本质的决定因素。

（2）（Ⅱb）v<（Ⅱa）m。这是因为，投入奢侈品生产的 v（可变资本），必须等于以必要生活资料现实生产的 m（剩余价值）中和它的价值量相适应的部分，因而必然小于这整个 m，即小于（Ⅱa）m。这是一个质的分割。无论假定资本家是如何分割必要生产资料和奢侈

生活资料的比例，无论是简单再生产还是扩大再生产，都会得到这个不等式。该不等式说明，年产品中奢侈品部分越大，投入奢侈品生产行业的工人就越多，则奢侈品生产的工人生活状况就越取决于资本家的挥霍。

五、第Ⅰ部类的不变资本

第Ⅰ部类的不变资本，从实物形态来看，这部分生产资料只能供生产消费，因而这部分生产资料只能在第Ⅰ部类的不同生产部门之间进行交换。这种交换是一种形式的不变资本和另一种形式的不变资本的交换。从价值形态来看，第Ⅰ部类不变资本的价值不是生产出来的，而是转移到产品中去。它在数量上等于当年所耗费的不变资本。

因此，第Ⅰ部类不变资本的实物补偿和价值补偿都是在第Ⅰ部类内部进行的。通过第Ⅰ部类内部不同部门之间的相互交换，实现了物质补偿和价值补偿。例如，钢铁厂向煤炭厂出售钢铁，这是价值补偿阶段，煤炭厂获得煤，这是物质补偿。同时钢铁厂又从煤炭厂买煤炭作为原材料，这是实物补偿。钢铁厂买煤就是煤炭厂卖煤，这是价值补偿。因此，第Ⅰ部类的不变资本是在本部类内部实现物质补偿和价值补偿的。

六、两个部类的可变资本和剩余价值

由Ⅰ（v+m）=Ⅱc 可推

$$Ⅱ(c+v+m)=Ⅰ(v+m)+Ⅱ(v+m)$$

公式含义：每年生产的消费资料的总价值，等于当年再生产的第Ⅱ

部类的可变资本加上剩余价值加上当年再生产的第Ⅰ部类的可变资本加上剩余价值。

换种说法，在简单再生产的条件下，每年生产的消费资料的总价值，等于年价值产品，即等于社会劳动在当年生产的全部价值。这里的社会劳动分为两个部分：必要劳动，它在一年中创造1500的价值；剩余劳动，它在一年中创造1500的剩余价值。

该公式表明：（1）消费资料产品的实现与两大部类工人和资本家个人消费之间的关系。在简单再生产的条件下，第Ⅱ部类生产的消费资料，在价值上应等于全社会工人的工资与资本家的剩余价值之和。在实物形态上，应该同工人和资本家消费的消费资料相适应。（2）从公式中可以看出，4000c + 1000v + 1000m = 6000；2000c + 500v + 500m = 3000，整个社会工作日表现为价值3000的货币价值，其中2/3生产生产资料，1/3生产消费资料，因此，整个社会工作日的2/3是专门用来生产新的不变资本的。所以，Ⅱc与Ⅰ（v+m）的交换，是一定量的过去劳动与当年劳动的交换。

七、两个部类的不变资本

从公式Ⅰ（v+m）= Ⅱc可推

$$Ⅰ(c+v+m) = Ⅰc+Ⅱc$$

该公式的含义是，第Ⅰ部类所生产的生产资料的总价值，应等于两个部类不变资本的价值之和。

这一公式表明生产资料的生产同两大部类对生产资料需要之间的关系。在简单再生产的条件下，第Ⅰ部类生产的生产资料应同两大部类对生产资料的需要相等。

八、固定资本的补偿

前面在分析简单再生产社会总产品实现条件时，都是假定不变资本在一年内将价值全部转移到新产品中去。那些寿命在一年以上的固定资本不可能在一年内将价值全部转移到产品中去。因此，就有必要研究固定资本价值不是一次转移条件下的社会总产品的实现问题。这里考察的固定资本，是指那些寿命在一年以上的组成部分。其特点是实物一次更新，价值逐渐转移到新产品，固定资本由于损耗而转移的价值以折旧基金的形式储存起来，该折旧基金要等到固定资本实物更新时重新用于补偿固定资本。这里主要考察第Ⅱ部类固定资本的补偿问题。这是因为，虽然两部类都存在固定资本的补偿问题，但只有第Ⅱ部类的固定资本补偿涉及两部类之间的交换。

1. 引进固定资本补偿后两大部类交换中存在的问题

在Ⅰ(1000v+1000m)= Ⅱ2000c 的交换中，由于Ⅱ2000c 中补偿固定资本价值的部分形成折旧基金，以货币形式储存，假设这个折旧基金是 200，用 200c（d）表示，这里的 d 表示损耗。这样，2000Ⅱc 分为两个部分：1800 要和第Ⅰ部类的生产资料交换，200 为了补偿损耗而要保持货币形式，即 2000Ⅱc = 1800c+200c（d）。

这里存在的问题是：第Ⅰ部类需要 2000 的消费资料，而第Ⅱ部类只需要 1800 的生产资料，现在假定已经有第Ⅰ部类的 1800 生产资料和第Ⅱ部类的 1800 的消费资料交换，这样，在第Ⅰ部类还有 200 的生产资料，而第Ⅱ部类还有 200 的消费资料；第Ⅱ部类的 200 消费资料代表固定资本的损耗，它不需要在当年得到补偿；因此，如果假定第Ⅰ部类资本家用 200 的货币向第Ⅱ部类购买 200c（d）的消费资料，这样，第Ⅱ部类的 200c（d）就得到了价值补偿。第Ⅱ部类得到 200 货币后，不需要向第Ⅰ部类购买生产资料，这样，一方面，在第Ⅰ部类有200的生产资料不能实现，另一方面，在第Ⅱ部类就有补偿固定资本损耗的200的折旧基金。这样，按比例生产就会遭到破坏。因此，如果假设由第Ⅰ部类资本家预付货币200实现第Ⅱ部类200c（d）的价值补偿，简单再生产就会受到破坏。这就是在考虑固定资本补偿时所存在的问题。

这里，第Ⅰ部类资本家投入200货币，但它却无法回到第Ⅰ部类资本家手中，而资本家预付到流通中的货币，必须流回到它的起点。这是一个规律。因此，这排除了200Ⅱc（d）是靠第Ⅰ部类资本家预付的货币补偿的假设。因此，上面存在的问题实际上是一个假问题。它不符合货币流通规律。

2. 固定资本的实物补偿和价值补偿

既然否定了由第Ⅰ部类资本家预付200货币使200Ⅱc（d）货币化，那么，现在只有一种假定：即第Ⅱ部类资本家自己把货币投入流通，以便补偿固定资本转移的价值。

由于第Ⅱ部类资本家是由许多单个资本组成的，他们的固定资本处在再生产不同的期限中。一部分资本家的固定资本在提取折旧基金，进行货币积累；另一部分资本家的固定资本已经折旧完毕，要进行固定资本更新。因此，第Ⅱ部类资本家可以分为两类：Ⅱc（1）和Ⅱc（2）。Ⅱc（1）是指用实物补偿固定资本的那部分资本家；Ⅱc（2）是指以货币形式储存固定资本损耗价值的那部分资本家。这样，当Ⅱc（1）=Ⅱc（2）时，就能保持两大部类之间的平衡。具体分析：

Ⅰ　200m商品

Ⅱ　（1）200c货币+（2）200c商品

这里，假设200货币是由第Ⅱ部类第一部分预付的，即该部分资本家用200货币向第Ⅰ部类资本家购买200生产资料，因此，Ⅱc（1）就得到实物补偿；同时，第Ⅰ部类资本家200商品出售，得到价值补偿；

然后，第Ⅰ部类资本家用200货币向Ⅱc（2）购买200消费资料，这样，第Ⅰ部类资本家实现了实物补偿，Ⅱc（2）就将200货币以折旧基金的形式保存下来。结果是，Ⅱc（1）实现了实物补偿，Ⅱc（2）实现了价值补偿。因此，一年用于更新的货币总额等于一年的折旧基金，这样一种平衡，就好像是按比例进行的再生产。而且，这也符合货币流通规律，由第Ⅱ部类预付的货币，最后又流回到第Ⅱ部类。只不过，这里不是流回到原来的资本家手中，而是在该部类内部进行了不同的分配，由该部类的一部分资本家手中转入到另一部分资本家手中。

3. 两种特殊情况下的补偿

如果一年用于更新的货币总额不等于一年的折旧基金，则有两种情况：

第一种情况：Ⅱc（1）》Ⅱc（2）货币多余，商品不足

Ⅰ　200m

Ⅱ　（1）220 c货币+200c商品

这里，Ⅱ（1）用200货币购买200Ⅰm商品，然后，第Ⅰ部类用200货币购买200Ⅱc（2），这样，就有20货币不能再转化为实物形式的固定资本。

第二种情况：Ⅱc（1）《Ⅱc（2）货币不足，商品多余

Ⅰ　200m

Ⅱ　（1）180 c货币+200c商品

这里，Ⅱ（1）用180货币购买180Ⅰm商品，然后，第Ⅰ部类用180货币购买180Ⅱc（2），这样，一方面，有20Ⅰm不能出售，另一方面，有20Ⅱc（2）商品不能出售；总计有价值40的商品不能转化为货币。

在这两种情况下，就需要对外贸易。第一种情况：Ⅱc（1）》Ⅱc（2）货币多余，商品不足，就需要进口商品。第二种情况：Ⅱc（1）

《Ⅱc（2）货币不足，商品多余，就需要出口商品。

这两种情况不仅在简单再生产条件下会出现，而且在扩大再生产条件下也会出现。从这两种情况中可以看出，尽管是简单再生产，但是，如果不能处理好当年更新的固定资本和当年折旧的固定资本之间的关系，则经济危机仍然会发生。虽然可以用对外贸易来弥补，但对外贸易只不过是把矛盾推到更广泛的范围，并没有解决矛盾本身。

九、货币在社会再生产中所起的作用

货币作为商品，本身也需要再生产。这里研究的是金的再生产。金的再生产属于生产资料部类生产。金的流通特点就是可以直接当作货币投入流通，这样，它就无须像其他商品一样，通过出售来换回货币。

货币作为一般等价物，在商品流通中起中介作用。不论是两大部类之间的交换，还是部类内部的交换，都是以货币为媒介进行的。而且，作为媒介物的货币，最初都是由资本家投入流通的，不管最初是由哪个部类的资本家预付出去，最后总要回到原来的出发点。所以，剩余价值转化为货币，是靠自己部类资本家将货币投入流通实现的。

货币可以转化为货币资本，成为社会总资本的一个组成部分。货币资本在社会再生产中的作用体现在：

（1）从单个资本运动来看，它是单个资本登上舞台的第一推动力；在社会总资本运动中，货币仍然起着第一推动力的作用。

（2）从单个资本来看，由于周转期间的长短不同以及周转期间两个组成部分的比例不同，货币资本和其他资本之间的比例是不同的。周转时间越长，所需要预付的货币就越多，单个资本的生产规模受到货币规模的限制。从社会资本运动来看，花在货币上的生产时间对社会生产规模而言是一种削减，但这是不可避免和必要的；单个企业的生产规模受货币规模的限制，但从整个社会总资本的角度来看，由于信用制度和股份公司的发展，这种限制被打破了。

第三节　对马克思社会资本简单再生产理论的不同见解

一、关于将服务纳入社会再生产理论研究范围的不同见解

马克思的社会再生产理论主要是针对实物而言，当今社会服务业所占的比重越来越大，因此，在将服务纳入研究范围的情况下，如何分析社会再生产理论？这里有两种思路：

第一种思路是将服务部门列为第三部类把 v 和 m 分为 v_1、v_2和 m_1、m_2，其中 v_1、m_1分别代表工人、资本家所需消费的生活资料的价值，v_2、m_2分别表示工人、资本家所需消费的劳务的价值。假定在工人和资本家的消费构成中，一半用于生活资料，一半用于劳务，即 $v_1=v_2=v/2$；$m_1=m_2=m/2$。则三大部类之间的交换关系是

Ⅰ　$4000c+500v_1+500v_2+500m_1+500m_2=6000$

Ⅱ　$2000c+250v_1+250v_2+250m_1+250m_2=3000$

Ⅲ　$900c+300v_1+300v_2+300m_1+300m_2=2100$

则三个部类之间的交换条件是

Ⅰ　$(v+m)$ = Ⅱc

Ⅰ　(v_2+m_2) +Ⅱ　(v_2+m_2) = Ⅲ　$(c+v_1+m_1)$

第二个实现条件含义：第Ⅰ、第Ⅱ部类的可变资本和剩余价值中用于购买劳务的价值部分之和，必须等于第三部类的不变资本加上可变资本和剩余价值中用于购买生活资料的价值部分。

第二种思路是李江帆提出的。[①] 他将服务列为子部类，这样，社会再生产的两大部类可以分为四个副类：第一部类分为生产实物生产资料的Ⅰa副类和生产服务型生产资料的Ⅰb副类；第二部类分为生产实物消费品的Ⅱa副类和生产服务消费品的Ⅱb副类。

Ⅰa　3600Ct+2400Cs+900Vt+900Mt+600Vs+600Ms=9000

Ⅰb　2400Ct+1600Cs+600Vt+600Mt+400Vs+400Ms=6000

Ⅱa　1800Ct+1200Cs+450Vt+450Mt+300Vs+300Ms=4500

Ⅱb　1200Ct+800Cs+300Vt+300Mt+200Vs+200Ms=3000

这里，Ct和Cs分别表示社会产品中应以实物形式和服务形式的生产资料的替换部分；Vt和Vs分别表示必要产品中应以实物消费品和服务消费品替换的部分；Mt和Ms分别表示剩余产品中应以实物消费品和服务消费品替换的部分。这样，经过两大部类之间以及部类内部的交换，最后满足社会总产品的实现条件。

因此，对比这两种思路，可以发现第一种思路将服务部门列为第三部类。这本身存在矛盾。马克思是按产品的最终用途将社会总产品分为生产资料部类和生活资料部类这两大部类的。如果将社会总产品分为三大部类，则第一、第二部类是按照产品的最终用途进行分类，而第三部类和前两个部类又按照产品和服务进行分类，这两种分类方式不一致，因此，第一种分析方法是不可取的。反之，第二种分类思路，还是保持两大部类的分类思路，只不过将两大部类之间再进行小类的分类，这样就能够保持逻辑一致性，因此，第二种分析思路是可取的。

二、关于我国宏观调控指导理论的不同见解

分析新中国成立60多年来的经济发展历程，可以中共十一届三中

① 李江帆：《第三产业经济学》，广东人民出版社1990年版。

全会为界分为两个阶段：改革开放前和改革开放后。改革开放前我国经济的特征是公有制、计划经济和按劳分配。中共十一届三中全会后，我国经济改革发展的目标是建立和完善社会主义市场经济体制，实现“三步走”战略。分析这60多年的经济发展历程，有两个问题是西方宏观经济学难以回答的：一是改革开放前我国有没有宏观调控？按照西方宏观经济学的视野，答案是否定的。因为宏观调控是建立在市场经济基础上的，宏观调控的对象是微观经济主体，即具有独立经济利益追求的企业。而我国改革开放前实行计划经济，公有制企业作为国家计划的附属物，没有追求独立经济利益的目标，因此，改革开放前我国没有宏观调控。但是，在计划经济条件下，政府部门所做的计划，就是对全社会的人、财、物进行综合平衡，也就是对全社会经济主体的行为及其后果进行调节和控制。试问，如果这个不是宏观调控，那应该是什么？二是改革开放以来，中央反复强调的一个至关重要的问题就是要处理好改革、发展和稳定的关系。如何用西方宏观经济学解释？在西方宏观经济学的视野中，宏观调控与改革是何关系？与稳定是何关系？从来没有谈及。但是，西方宏观经济学恰恰又用宏观这两个字，可以说是名不副实。所以，西方宏观经济学仅仅是对发达国家，对成熟的市场经济体、在不考虑经济体制改革条件下适用的宏观经济理论，对于我国这种发展中大国、新兴国家、转型国家并不完全适用。用西方宏观经济学来说明我国的宏观经济，明显存在局限性。但是，这两个问题如果从马克思主义宏观经济学的角度来看，则是马克思主义宏观经济学的题中之义。马克思主义宏观经济学认为，再生产是生产关系再生产和物质资料再生产的统一。因此，不论是计划经济还是市场经济，都存在生产关系再生产和物质资料再生产，再生产就必然需要宏观调控，它所调控的目标是要解决生产、流通、分配和消费的顺利进行。至于中央为什么反复强调要处理好改革、发展和稳定的关系，则是来源于马克思主义的基本原理，即经济基础和上层建筑的互动关系，一旦两者的互动关系没有处理好，就可能出现革命。所以，必须把改革、发展和稳定三者的关系列为宏观调控的首位。宏观经济必须是综合考虑生产力和生产关系协调发展的，对于我们这种新兴转型的发展中大国而言，应该将改革、发展、稳定列为宏观调控的首要目标。就改革而言，就是要逐步完善社会主义市场经济体制，就发展而言，就是要强调科学发展，稳定则是为了控制风险。只有处理好三者的关系，宏观经济才能稳定。

正是由于西方宏观经济学无法全面回答当前中国宏观经济所面临的各种问题和挑战，所以，我们才需要马克思主义宏观经济学的指导。这种指导主要表现在三个方面：

（1）把握马克思主义社会再生产理论的特点。与西方宏观经济学相比，马克思的社会再生产理论有三个突出特点：第一，与凯恩斯主义宏观经济学的四大调控目标相比，马克思主义经济学的宏观调控目标是一个目标群。政府必须根据世界形势的变化、不同国家的不同特点从该目标群中选择适合当时条件下的宏观调控目标，不存在一成不变的宏观调控目标。第二，宏观调控的目标不仅要调控物，更要调控人。凯恩斯主义经济学派宏观经济的目标是以 GDP 为中心，其实质是以物为中心展开调控。在马克思主义分析框架下的宏观经济理论看来，社会再生产是物质资料再生产和生产关系再生产的统一。物的背后是人的利益。不考虑利益关系调整而一味强调 GDP 增长是中国经济运行存在诸多矛盾的重要根源。因此，宏观调控只有既见物又见人，才能真正发挥作用。强调宏观调控的利益导向是马克思主义宏观经济调控目标的重要特征。第三，宏观调控不仅要调控总量，更要注意调控结构。西方宏观经济学不同流派要么假设市场出清，要么假设市场不出清。实际上，现实经济往往是市场出清和市场不出清的混合体，这就决定了宏观调控不能“一刀切”，不能仅重视总量，而是要根据不同市场的特性，采用分门别类的结构型宏观调控政策。只有这样，才能发挥宏观调控的最大效果。因此，强调宏观调控的结构主义取向是马克思主义宏观经济目标的重要特征。

（2）分析我国八类经济主体在八大类市场上的运动规律。我国经济运行存在八类经济主体：即产业资本家（含商业资本家）、借贷资本家、工人、土地所有者、企业家、政府、国外资本家、农民这八类经济主体。与这八类市场主体相对应，我国存在八大类市场：即产品市场、信用市场、劳动力市场、土地市场、经理人市场、政府购买市场、国际市场、农业市场。西方发达资本主义国家虽然也存在这些经济主体，但其与我国经济主体存在很多的不同，这导致我国八大类市场的运动规律与西方国家不同。这突出地表现为两点：一是我国所有制是以公有制为主体的所有制结构，我国有诸多国有企业，这就导致国有企业家与工人的关系与西方国家的资本家与工人的关系存在根本不同，这导致我国的产品市场、劳动力市场等市场的运行规律与西方国家存在很大的不同。二是我国的土地主要存在国有制和集体所有制这两种形式，这与西方国家相当一部分土地由私人所有有很大的不同。这种不同必然导致我国的土地市场与西方国家的土地市场面临很大不同。因此，我国八类主体在八大类市场的运动规律是不同于西方国家经济主体在市场上的运动规律的。

（3）分析我国这八类经济主体在八大类市场上的整体运动。正是由于我国是以公有制为主体，土地所有权掌握在政府和集体手上，所以，我国的宏观经济运行与西方国家有明显不同，政府对社会再生产的调控力度会更大，会采用更多的行政手段参与调节。我国经济发展已经进入新常态，推进供给侧结构性改革已经成为新常态下我国经济发展的首要任务。要推进供给侧结构性改革，就必须以马克思的社会再生产理论为指导，将经济发展与经济体制改革有机结合起来，合理选择我国的宏观调控目标。既要调控生产力发展，也要调控人与人之间的生产关系，界定生产力和生产关系之间的传导机制，研究科学评价生产力发展的评价体系，从而构建起适合我国宏观调控的新社会再生产理论体系。新常态下推进供给侧结构性改革，要特别重视两点：一是要处理好经济增长、结构调整与转变发展方式三者的关系。这是有中国特色的宏观调控目标。这是用西方宏观经济学的理论视野所无法解释的。在西方经济学视野中，增长和结构调整是分开论述的，宏观经济只管经济增长、物价稳定，至于结构调整，属于产业经济学的范畴，这就人为地割裂了发展和结构调整的关系。在马克思再生产图示中，结构是增长的核心问题，没有两大部类内部以及相互之间的结构平衡，再生产不可能顺利进行。所以，必须将结构和增长有机联系起来。二是要重视房地产调控。在西方宏观经济学的视野中，没有也不可能将房地产列为单独一个问题进行强调，但是，在马克思主义宏观经济学视野中，房地产调控是宏观经济的重要一环，它的稳定与否，与产品市场、货币市场、劳动力市场的稳定与否息息相关，所以，必须要单独强调。

第四节　马克思社会资本简单再生产理论的现实意义

社会资本再生产指出，国民经济要正常运行，就要求经济按比例协调发展。为此要把握三点：

一、按比例协调发展的判断方法

社会资本简单再生产理论指出，满足简单再生产的实现条件，经济就能按比例协调发展。在这些条件中，最基本条件是Ⅰ（v+m）=Ⅱc。满足这个条件，其他条件也就满足了。这个公式要求第Ⅰ部类所生产的生产资料恰好等于第Ⅱ部类所需要的生产资料，第Ⅱ部类所生产的消费资料恰好等于第Ⅰ部类所需要的消费资料。但在现实中，很难判断是否满足这个条件。因为，我们无法准确知道电力行业、机械行业这些生产资料行业有多少电是卖给粮食行业、服装行业、乳品行业这些生活资料行业的，同样，我们也很难准确知道粮食行业的粮食、服装行业的服装有多少卖给电力行业、机械行业等生产资料行业的工人和资本家，所以，要准确判断经济按比例协调，是很难的。如果能判断经济发展能够满足这些条件，就意味着我们能非常精确地调控经济，也就不存在经济波动和经济危机了，这实际上是办不到的，这就是社会再生产理论应用到实际中的难点所在。所以，我们只能大致判断、而不能非常精确地判断经济发展是否实现了按比例协调发展。这种判断可以分为两个层次：

第一个层次是看经济是否稳定增长。因为社会资本再生产的特征是扩大再生产。扩大再生产反映在现实中，就是表现为经济增长。所以，现在谈经济是否按比例协调发展，主要看4个指标，即GDP（国内生产总值）、物价指标、就业指标、国际收支。只要这四个指标正常，就可以判断出经济增长是正常的。

第二个层次是看结构是否合理。这个结构主要看4大指标，即产业结构，区域结构、分配结构和需求结构。产业结构主要是第一、二、三产业结构是否协调；区域结构主要是看不同地区的经济结构是否协调，不能有些地区经济增速快，有些地区经济增速慢甚至是负增长；分配结构主要是看不同群体、不同行业、不同地区、城乡之间的收入分配是否合理；需求结构主要看投资、消费、进出口的比例是否协调。

因此，判断经济是否按比例协调发展，可以归纳为判断经济总量是否均衡、结构是否均衡。当总量和结构都均衡时，经济就处在按比例协调发展的区间。否则，经济就会失衡，甚至发生经济危机。

二、国民经济按比例协调发展的调节方式

那么，应该采取什么方式调节国民经济，从而促使经济按比例协调发展？纵观工业革命以来的经济发展，国民经济调节方式主要有三种：

第一种调节主要依靠市场调节国民经济运行。这种调节方式认为：靠市场机制这只“看不见的手”的作用，就能够自动调节经济运行。这是因为当市场上供过于求时，价格就下跌，价格下跌，供给就减少，需求增加，从而能够促进供求平衡；当市场上供不应求时，价格就上涨，这就会刺激供给，抑制需求，从而促使供求平衡。因此，依靠市场的竞争机制、供求机制和价格机制，就能够自动调节市场经济的运行。在以市场调节为主的经济运行中，政府只是起着“守夜人”的作用，它不需要干预经济。这种主要依靠市场调节经济运行的方式在20世纪以前占据主导地位。自由放任的市场经济体制一方面促进了经济发展，另一方面则伴随着周期性的经济危机。马克思指出，资本主义国家每10年左右就要爆发一次经济危机，特别是1929年爆发了遍及整个西方世界的经济大萧条。这场经济大萧条导致生产全面倒退，对外贸易锐减，失业人口剧增，生活水平急降。当时许多人为了领一块面包在失业救济点前排起长队，活活饿死的不在少数。同时，整个社会动荡不安，游行、示威不断。这场大萧条使人们认识到仅仅靠市场调节经济不能实现经济有效运转。经济要有效运转，就需要国家对经济进行有效调节。所以，“市场万能论”的思想已经被历史证明是行不通的。

第二种方式是主要依靠计划调节。20世纪人类历史上发生的影响巨大的事情是苏联的兴起、发展和灭亡。十月革命胜利后，苏联在全世界第一个建立起了计划经济体制。计划经济主要是运用国家的强制力量

推行经济发展计划，实现国家目标。这种体制使得苏联在很短的时间内恢复了国民经济，实现了工业化，保证了苏联在“二战”中战胜纳粹德国。“二战”后，苏联依靠这套体制与美国长期对峙，争霸世界。苏联实行计划经济，虽然国防、重工业、科技等领域都取得了很大的成就，但是，人民的生活水平却长期得不到提高，计划经济成为短缺经济的代名词，这是计划经济的致命弱点。正是由于人民生活水平长期得不到提高，人民就不拥护执政党，从而最终导致国家解体和执政党地位的丧失。所以，苏联 70 多年的历史告诉我们，主要依靠计划调节国民经济运行，这条路也是走不通的。

第三种调节方式是将市场调节与政府的宏观调控有机结合起来。历史证明，主要靠市场调节不行，主要靠政府的计划调节不行，必须要发挥政府和市场这两只手的联合作用。这是人类总结工业革命以来数百年的经济运行历史后得出的重要结论。当今世界各个国家普遍采用市场调节和政府的宏观调控相结合的方式调节国民经济运行。当今世界在处理政府与市场的关系上，不是讨论政府要不要干预市场的问题，而是分析政府如何干预市场。改革开放以来，特别是 2008 年应对国际金融危机冲击，我国得出的重要经验是：健全的市场机制，有效的宏观调控，都是社会主义市场经济体制不可或缺的重要组成部分。市场作用多一些还是政府作用多一些，必须相机抉择。

所以，要实现国民经济的平稳运行，就要依靠政府和市场这两只手相互作用，才能实现国民经济按比例协调发展。

三、政府是经济按比例协调发展的第一责任人

政府与市场要合理结合，就要在市场配置资源的基础上发挥政府宏观调控的作用。市场配置资源的基础是价值规律，价值规律发挥作用，

要依靠供求、竞争和价格这三个机制。当供不应求，价格高于价值的时候，卖方之间就会相互展开激烈竞争，买方会增加生产，从而导致价格逐渐趋向价值。同样，当供过于求时，价格低于价值时，买方之间会展开激烈竞争，并减少资源的投入，从而导致价格逐渐趋向价值。正是在这三个机制的作用下，市场机制才能发挥对资源配置的基础性作用。

那么，这三个机制会不会自动发挥作用？答案是否定的。它必须要有相应的制度设计和体制保证才能发挥作用。而这个制度设计和体制保证，只能靠政府。只有政府才能制定路线、方针、政策，所以，一个国家政府制定的路线、方针、政策直接决定了这个国家的命运。

我国市场经济体制改革的目标是建立和完善社会主义市场经济体制。这里必须指出的是，市场经济体制是建立起来的，不是从天上掉下来的，也不是自发演进的。很重要的是靠政府在集中人民智慧的基础上，建立合理的体制机制，从而建立和完善市场经济体制。

所以，政府是国民经济协调发展的总按钮、总开关。国民经济要按比例协调发展，离不开这个总按钮、总开关。一个国家、地区的经济发展，成也政府，败也政府。政府是第一责任人。那么，政府要当好这个第一责任人，就要做到以下三点：

（1）保护市场，为市场经济发展创造稳定环境。首先，政府要为市场经济发展提供稳定的发展环境，也就是要处理好稳定和发展的关系。商品和货币交换的前提条件是双方都承认对方是自己商品的所有者。所以，只有承认对方是财产所有者，才能够提供足够的激励。这个只有政府说了算。改革开放前，农村成立合作社，生产资料完全归集体所有，这是农村缺乏活力的根本原因。改革开放后，农村经济之所以获得大发展，就是因为赋予了农民土地使用权，从而激发了农民的活力。所以，经济要发展，首先是要保护市场，为市场发展创造稳定的环境。当一个地区、一个国家连公民的生命、财产安全都无法保证的时候，经济是不可能发展的。

（2）培育和发展市场，找到经济发展的突破口。市场发展有4要素，资本、土地、劳动和制度。这4大要素，反映在现实中，就是要有资源、人才、资金和制度。市场经济越发达，这些要素就越健全，越能够自由流动，反过来，这些要素的健全也进一步推进了市场经济的发展，从而形成良性发展。

怎么培育这些要素？不同国家有不同的做法。关键是要找到突破口。我国的突破口是从改革开放入手。这实际上是从制度入手，通过制度激活经济活力，通过制度改革带动资金、人才、技术等各种要素的集聚，从而推动经济发展。经济发展后，又进一步要求制度进行改革，正是在这两者的良性互动中，造就了中国经济发展的奇迹。

（3）调节市场，防止经济的大起大落。市场经济会波动，需要政府进行调节。这个调节要和政府的能力相匹配。不能在能力不具备的条件下，强行调节市场，那是给市场添乱。所以，要调节市场，首先就要提高政府的能力。只有深化行政体制改革，不断提高政府办事的效率和能力，政府调控经济的水平才能提高。在提高政府能力的基础上，政府要综合应用财政、货币、产业等各项政策调节市场，促使经济稳定运行。

因此，当一个国家经济发展出现危机时，首要的责任人不是市场，而是政府。市场不应该为经济危机埋单。政府只有善于保护市场、培育市场、发展市场、调节市场，及时防范经济中的风险点，处理好改革、发展和稳定的关系，才能推进经济又好、又快发展。

第四章　马克思的社会资本扩大再生产理论

资本主义生产的特征是扩大再生产。因此，要完整把握社会总产品的实现问题，必须分析社会资本扩大再生产条件下的运动规律。

第一节　马克思社会扩大再生产理论的思想来源

一、李嘉图的资本积累理论

李嘉图指出："一国的全部产品都被消费掉这一点必须理解清楚。但这些产品是由进行再生产另一种价值的人所消费的还是由不进行再生产另一种价值的人所消费的，这二者之间的差异是极大的。我们说节约收入增加资本，意思是说，所谓增加到资本中去的那部分收入是被生产性劳动者而非被非生产性劳动者所消费的。认为资本是由非生产性消费而增加的是最为错误的，如果劳动价格高得即使增加资本也无法增雇劳动力，那我就应该说，这种增加的资本仍被用在了非生产性消费方面。"①

可见，这里涉及的问题是社会总产品是由工人消费还是不由工人

① 李嘉图：《政治经济学及赋税原理》，华夏出版社2005年版，第105-106页。

消费。同时，这里还涉及这样一些商品的生产消费，这些商品构成不变资本并作为劳动工具或劳动材料被消费，或者说，这些商品通过消费转化为劳动工具和劳动材料。因此，李嘉图认为资本积累=收入转化为工资=可变资本的积累。马克思指出："这种见解从一开始就是错误的，也就是片面的。这样，对整个积累问题就得出了错误的解释。"①

这种错误表现在：

（1）忽视了不变资本的再生产。不变资本有两种，一种是生产消费资料的不变资本，另一种是生产生产资料的不变资本。生产生产资料的不变资本如果增加了，那么不仅年产品量会增加，而且这个年产品量的价值也会增加，即使年劳动保持不变。马克思指出："这种增加就是资本积累的一种形式，理解这种形式非常重要。"② 但是，李嘉图却认为"制造业中100万工人的劳动总是产生相同的价值，却不会总是产生相同的财富"。③ 马克思指出："假定工作日是既定的，这100万人不仅会因劳动生产率不同而生产出极不相同的商品量，而且这个商品量也会随着它在生产上花费的不变资本的大小不同，从而随着加到它上面的，由去年劳动、过去劳动创造的价值的大小不同，而具有极不相同的价值。"④

（2）误解了资本积累的条件。要实现资本积累，即实现扩大再生产，不仅要求剩余价值转化为可变资本，而且要求剩余价值转化为不变资本。不变资本分为固定不变资本和流动不变资本。固定不变资本表现

① 马克思：《政治经济学批判》（1861—1863年手稿），《马克思恩格斯全集》第34卷，人民出版社2008年版，第535页。

② 马克思：《政治经济学批判》（1861—1863年手稿），《马克思恩格斯全集》第34卷，人民出版社2008年版，第537页。

③ 李嘉图：《政治经济学及赋税原理》，华夏出版社2005年版，第193页。

④ 马克思：《政治经济学批判》（1861—1863年手稿），《马克思恩格斯全集》第34卷，人民出版社2008年版，第537-538页。

为机器、厂房等实物形态。马克思指出，“凡是使用许多不变资本、因而也使用许多固定资本的地方，补偿固定资本损耗的这部分产品价值就是积累基金，这个基金可以被使用它的人用来作为新固定资本（或流动资本）的投资，而且这部分积累根本不是从剩余价值中扣除的”①。

（3）误解了资本积累与工资的关系。李嘉图指出：“在一个国家中，只要生活必需品价格上涨致使工资上涨，因而造成资本利润所剩无几，那么积累动机就会消失，这时该国所积累的资本就会全部用于生产之中。”② 马克思在《资本论》第三卷第十一章中讨论了工资的一般变动对生产价格的影响。他指出，“由于工资提高 25%：1. 对于社会平均构成的资本来说，商品的生产价格保持不变；2. 对于较低构成的资本来说，商品的生产价格提高了，虽然不是按照利润较低的比例而提高；3. 对于较高构成的资本来说，商品的生产价格降低了，虽然也不是按照利润降低的比例而降低”③。马克思指出，上述结论要成立，“一般利润率的形成，平均利润的形成，从而价值到生产价格的转化，都假定为既定的事实”④。而且，马克思特别指出：“如果工资的提高或降低是由必要生活资料的价值变动引起的，那么以上所说，只有在那些因自身的价格变动而使可变资本增加或减少的商品，也作为构成要素进入不变资本，因而不只是影响工资的情况下，才需要加以修改。如果它们只是影响工资，那么以上所说就已经包含所要说的一切了。”⑤ 可见。资本积累与工资变动的关系并不是简单的负相关关系，两者的关系是复杂的。

---

① 马克思：《政治经济学批判》（1861—1863 年手稿），《马克思恩格斯全集》第 34 卷，人民出版社 2008 年版，第 544 页。

② 李嘉图：《政治经济学及赋税原理》，华夏出版社 2005 年版，第 206 页。

③ 《马克思恩格斯文集》第 7 卷，人民出版社 2009 年版，第 223-224 页。

④ 《马克思恩格斯文集》第 7 卷，人民出版社 2009 年版，第 226 页。

⑤ 《马克思恩格斯文集》第 7 卷，人民出版社 2009 年版，第 226 页。

二、一部分政治经济学家关于资本和收入关系的理论

一部分政治经济学家为了摆脱理论上的困难，即对现实联系的理解，提出了一种流行的看法：对一个人是资本的东西，对另一个人就是收入；反过来说也一样。马克思指出："这种看法部分地说是正确的，如果使它具有普遍意义，那就是完全错误的。"① 这是因为：

（1）可变资本在资本家手中作为资本执行职能，在雇佣工人手中则作为收入执行职能。这里，不是可变资本有两种职能，既作为资本家的资本，又作为工人的收入；而是同一个货币先在资本家手中作为他的可变资本的货币形式，从而作为可能的可变资本；当资本家把它转化为劳动力时，它就在工人手中充当所出卖的劳动力的等价物。同一个货币在买者手中有一个用途，在卖者手中有另一种用途，这是一切商品买卖都有的现象。

（2）从两大部类的交换情况来看。①Ⅰv 和Ⅱc 交换，从工人的角度来看，第Ⅰ部类工人把劳动力出卖给第Ⅰ部类资本家，得到货币形式的工资收入，它不是可变资本。第Ⅱ部类资本家对工人来说仅仅是商品的卖者。从第Ⅰ部类资本家的角度来看，可变资本的运动是（G—A…W—G），它没有转化为工人的收入。②从Ⅱv 来看，第Ⅱ部类资本家用货币购买了劳动力，工人用出卖劳动力所得到的货币向第Ⅱ部类的资本家购买生产资料，这些货币又流回到第Ⅱ部类资本家手里，重新用来购买劳动力。③从Ⅱa 和Ⅱb 的交换情况来看，它的情况同Ⅰv 相类似。这里，可变资本有 3 种转化形式，货币形式、生产形式、商品形式。马克思指出："因为可变资本总是以某种形式保留在资本家手中，所以无

① 《马克思恩格斯文集》第 6 卷，人民出版社 2009 年版，第 489-490 页。

论如何也不能说，它会转化为某人的收入。”①

第二节　马克思社会资本扩大再生产理论的主要内容

资本要扩大再生产，要有资本积累。单个资本积累有两个环节，第一个环节是货币积累，就是不断地将已经转化为货币的剩余价值储藏起来，直至满足扩大再生产所需要的数量。第二个环节是实际积累，就是用积累的货币购买追加的劳动力和生产资料，进行扩大再生产。马克思指出：“一方面的货币就能引起另一方面的扩大再生产，这是由于再生产扩大的可能性在没有货币的情况下就已经存在；因为货币本身不是实际再生产的要素。”② 接着，马克思分析两大部类的积累和再生产。

一、第Ⅰ部类的积累

1. 货币储藏

要进行资本积累，首先要有货币储藏，以便为扩大再生产使用。对于单个资本而言，要先有货币储藏，然后才有实际的扩大再生产，两者有先后之分。对于社会资本而言，一部分资本家不断地把他们的已经追加到相应数量的可能的货币资本转化为生产资本，也就是用通过剩余价值的货币化而储藏起来的货币来购买生产资料，另一部分资本家则仍然从事可能的货币资本的储藏。因此，两者要保持平衡，就要求从事货币储藏的这一部分资本家的单纯的卖和用货币购买生产资料的资本家的单纯的买保持平衡。

---

① 《马克思恩格斯文集》第6卷，人民出版社2009年版，第500页。

② 《马克思恩格斯文集》第6卷，人民出版社2009年版，第551页。

2. 追加的不变资本

要扩大再生产，就要有追加的生产资料和生活资料。其物质基础是直接用在第Ⅰ部类生产资料生产上的、用在第Ⅰ部类潜在的追加资本的创造上的第Ⅰ部类工人阶级的剩余劳动。追加的潜在货币资本在流通领域许多点上的大规模生产，不外是潜在的追加生产资本多方面生产的结果和表现，这种生产资本的形成本身并不是以产业资本家方面任何追加货币支出为前提的。

已经在一个国家执行职能的生产资本越多，劳动的生产力，从而生产资料生产迅速扩大的技术手段越发展，剩余产品的量就越大。剩余产品的量越大，潜在的追加生产资本也就越大，潜在的追加货币资本量也就越大。追加生产资本过程中会出现货币资本的分裂，即完全离开原有的资本，以便作为新的货币资本投入一个新的独立的企业。追加货币资本的形成和一个国家现有贵金属的数量彼此之间没有任何因果关系。储藏货币是资本主义生产的一个死荷重。马克思指出："渴望利用这种潜在货币资本储藏起来的剩余价值来取得利润和收入的企图，在信用制度和有价证券上找到了努力的目标。"①

3. 追加的可变资本

假定新形成的货币资本中可以转化为可变资本的部分，在应该转化时总会找到劳动力。同时，生产者能够直接把剩余价值转化为可变资本。

二、第Ⅱ部类的积累

社会资本扩大再生产，不仅第Ⅰ部类需要积累，第Ⅱ部类也需要积累。第Ⅱ部类积累与第Ⅰ部类一样，也是剩余价值不能全部用于资本家

① 《马克思恩格斯文集》第6卷，人民出版社2009年版，第561页。

个人消费，而是有一部分剩余价值要转化为资本。

由于第Ⅰ部类为了积累，第Ⅰ部类剩余价值不能全部和第Ⅱ部类不变资本相交换，这样，第Ⅱ部类就有一部分不变资本不能实现，因此，第Ⅰ部类的货币资本过剩，第Ⅱ部类的再生产不足。要解决这个困难，就意味着第Ⅰ部类各个要素之间有了不同的组合，第Ⅱ部类要与这种新组合相适应，从而保证社会再生产的顺利进行。

三、用公式说明积累

1. 扩大再生产的两个前提条件

第一个前提条件是：

$$\text{Ⅰ}(v+m)>\text{Ⅱ}c \tag{4-1}$$

该公式表明，为了能提供追加的生产资料，第Ⅰ部类中代表可变资本和剩余价值的这两部分产品，在价值总量上必须大于第Ⅱ部类的不变资本。只有这样，这两部分产品在补偿了第Ⅱ部类所消耗的生产资料后，才能有追加的生产资料满足扩大再生产的需要。

第二个前提条件是：

$$\text{Ⅱ}(c+v+m)>\text{Ⅰ}(v+m/x)+\text{Ⅱ}(v+m/x)\quad(x>1) \tag{4-2}$$

这里，m/x 表示资本家用于个人消费的部分。该公式表明，为了能提供追加的生活资料，第Ⅱ部类生产的生活资料，在价值总量上必须大于两大部类可变资本和剩余价值中用于资本家个人消费的部分之和。只有这样，第Ⅱ部类才能提供追加的生活资料供两大部类扩大再生产之用。

2. 社会资本扩大再生产的实现条件

马克思用两个例子说明社会资本扩大再生产的实现条件。

（1）假定社会总产品的构成是：

$$\begin{aligned} &\text{Ⅰ}\quad 4000c+1000v+1000m=6000 \\ &\text{Ⅱ}\quad 1500c+750v+750m=3000 \end{aligned} \qquad (4\text{-}3)$$

假定第Ⅰ部类资本家为扩大再生产把 1000m 的一半即 500 用于消费，另一半即 500 用于资本积累。按照原有的 4∶1 的资本有机构成，500 的资本积累中有 400 作为追加的不变资本，有 100 作为追加的可变资本。这样，第Ⅰ部类产品的价值构成重新组合为

$$\text{Ⅰ}\quad 4400c+1100v+500m=6000$$

Ⅰ1100v+500m 要与第Ⅱ部类交换，但是，第Ⅱ部类只有 1500c 与其交换，因此，为了适应扩大再生产的需要，第Ⅱ部类资本家必须从 750m 中提取 100 作为追加不变资本，才能满足两大部类之间的交换。按照第Ⅱ部类原有的 2∶1 的资本有机构成，第Ⅱ部类资本家必须从 750m 中提取 50 作为追加可变资本。这样，第Ⅱ部类产品的价值构成重新组合为

$$\text{Ⅱ}\quad 1600c+800v+600m=3000$$

两大部类产品价值经过重新组合后，可以得到下列公式：

Ⅰ　4400c+1100v+500m=6000

①　③

Ⅱ　$\underline{1600c}+\underline{800v+600m}=3000$　(4-4)

②

因此，通过第Ⅰ部类内部的交换、第Ⅱ部类内部的交换和两大部类之间的交换这三大基本交换，社会总产品得到实现，社会资本扩大再生产在第二年就能够顺利进行。在第二年的扩大再生产中，如果剩余价值率仍然为 100%，到第二年末，两大部类生产的全部产品构成是

$$\begin{aligned} &\text{Ⅰ}\quad 4400c+1100v+1100m=6600 \\ &\text{Ⅱ}\quad 1600c+800v+800m=3200 \end{aligned} \qquad (4\text{-}5)$$

这样，社会总产品就由上年的 9000 扩大到第二年的 9800，从而实现了社会资本的扩大再生产。

假定条件不变，第二年结束时

Ⅰ　4840c+1210v+1210m=7260

Ⅱ　1760c+880v+880m =3520

第三年结束时：

Ⅰ　5324c+1331v+1331m=7986

Ⅱ　1936c+968v+968m=3872

第四年结束时：

Ⅰ　5856c+1464v+1464m=8784

Ⅱ　2129c+1065v+1065m=4259

第五年结束时：

Ⅰ　6442c+1610v+1610m=9662

Ⅱ　2342c+1172v+1172m=4686

因此，从第一年到第五年，总资本从 7250 增加到 11566，增长 60%；总剩余价值从 1750 增加到 2782，增长 58.9%；已经消费的剩余价值从 1100 增加到 1477，增长 34%；社会资本每年的增长速度是 8.96%、10%、10%、9.99%、10%；社会总产值每年增长速度是 8.88%、10%、10%、9.99%、10%。第Ⅰ部类资本每年的增长速度是 10%、10%、10%、9.99%、10%。第Ⅱ部类资本每年增长速度：6.66%、10%、10%、9.99%、10%。第Ⅰ部类产值每年的增长速度是 10%、10%、10%、9.99%、9.99%。第Ⅱ部类产值每年的增长速度是 6.66%、10%、10%、9.99%、10%。通过上述分析，马克思指出，“如果要使事情正常地进行，第Ⅱ部类就必须比第Ⅰ部类积累得快，因为如果不是这样，Ⅰ（v+m）中要与商品Ⅱc 交换的部分，就会比它惟一能与之交换的Ⅱc 增加得快”①。

通过以上分析可知，社会资本扩大再生产第一个实现条件是

$$Ⅰ(v+\Delta v+m/x)=Ⅱ(c+\Delta c) \quad (4-6)$$

该公式中，Δc 代表追加的不变资本，Δv 代表追加的可变资本。该公式表明，第Ⅰ部类原有的可变资本的价值，加上追加的可变资本的价值，加上资本家用于个人消费的剩余价值，必须等于第Ⅱ部类原有的不变资本加上追加的不变资本之和。

该公式是社会资本扩大再生产的基本公式。只有满足该公式，社会资本扩大再生产才能顺利进行。

第二个实现条件是

$$Ⅰ(c+v+m)=Ⅰc+Ⅱc+Ⅰ\Delta c+Ⅱ\Delta c \quad (4-7)$$

该公式表明，第Ⅰ部类全部产品价值，必须等于两大部类原有的不变资本价值，加上两大部类追加的不变资本价值之和。

第三个实现条件是：

$$Ⅱ(c+v+m)=Ⅰ(v+m/x)+Ⅱ(v+m/x)+Ⅰ\Delta v+Ⅱ\Delta v \quad (4-8)$$

该公式表明，第Ⅱ部类全部产品的价值必须等于两大部类原有的可变资本价值加上资本家用于个人消费的剩余价值，再加上两大部类追加的可变资本价值之和。

（2）社会资本再生产出发公式是

$$\begin{aligned}&5000c+1000v+1000m=7000\\&1430c+285v+285m=2000\end{aligned} \quad (4-9)$$

与第一例相比，这里的资本有机构成提高了。马克思指出，“这种情况的前提是：资本主义生产已经有了显著的发展；与此相应，社会劳动的生产力也已经有了显著的发展；生产规模在此以前已经有了显著的

① 《马克思恩格斯文集》第 6 卷，人民出版社 2009 年版，第 577 页。

扩大；最后，在工人阶级中造成相对人口过剩的所有条件也已经有了发展”。①

在这种情况下，社会资本扩大再生产表现出3个新的特征。这些特征之所以会发生，是因为在有积累的生产中，Ⅰ（$v+\frac{1}{2}m$）不是单单由Ⅱc来补偿，而是由Ⅱc加Ⅱm来补偿。

特征1：Ⅰ（v+m）>Ⅱc 。这里，Ⅰv应当推动第Ⅰ部类的剩余产品中由第Ⅰ部类自己用作追加不变资本的部分。要做到这一点，马克思指出：“降低工资和延长劳动时间，这就是提高工人地位、使他成为合理的消费者的那种合理的、有益健康的方法的实质，只有这样，工人才可以为一批由于文化和发明的进步而使他买得起的物品创造一个市场。”②

特征2：Ⅰ（v+m）=Ⅱc+Ⅰ△c+Ⅱ △c。该特征意味着在以资本的增加为基础的生产中，Ⅰ（v+m）必须=Ⅱc加上再并入资本的那部分剩余产品，再加上第Ⅱ部类扩大再生产所必需的不变资本的追加部分；第Ⅱ部类扩大再生产的最低限度，就是第Ⅰ部类本身进行实际积累，即实际扩大再生产所不可缺少的最低限度。

特征3：

$$\text{Ⅱ}c<\text{Ⅰ}\ (v+\frac{1}{2}m)$$

因此，要满足社会再生产实现条件，就要补充70Ⅱm。这个补充的70Ⅱm，对于第Ⅰ部类来说，仅仅是以消费资料补偿收入，属于简单再生产过程。对于第Ⅱ部类而言，属于直接的积累过程。因此，如果第Ⅰ部类用70货币购买第Ⅱ部类消费资料，但是，第Ⅱ部类没有购买生产

① 《马克思恩格斯文集》第6卷，人民出版社2009年版，第579页。
② 《马克思恩格斯文集》第6卷，人民出版社2009年版，第582-583页。

资料，却将货币储藏起来，则第Ⅰ部类会产生相对的生产过剩，这是同第Ⅱ部类方面的再生产不同时扩大相适应的。

3. 积累时Ⅱc的交换

假定第Ⅰ部类的积累率 $=\frac{1}{2}m$ Ⅰ

则这里与Ⅱc交换存在如下情况：

情况1：Ⅱ$c=$Ⅰ$(v+\frac{1}{2}m)$。由此可得：Ⅱ$c<$Ⅰ$(v+m)$。

情况2：Ⅰ$(v+\frac{1}{2}m)>$Ⅱc。因此，Ⅱm的一个相应部分要加进Ⅱc，才能满足实现条件。

情况3：Ⅰ$(v+\frac{1}{2}m)<$Ⅱc。这种情况不需要第Ⅱ部类可变资本的进一步积累。

情况4：Ⅰ$(v+m)>$Ⅱc。

马克思指出："资本主义积累的事实排斥了Ⅱc＝Ⅰ（v+m）这一可能性。不过，甚至在资本主义积累中，仍然可能发生这样的情况：由于过去的一系列生产期间进行积累的结果，Ⅱc不仅与Ⅰ（v+m）相等，而且甚至大于Ⅰ（v+m）。这就是说，第Ⅱ部类的生产过剩了，而这只有通过一次大崩溃才能恢复平衡，其结果是资本由第Ⅱ部类转移到第Ⅰ部类。"①

总之，与社会资本简单再生产相比，扩大再生产条件下经济要协调发展，两大部类之间以及两大部类内部也要保持一定的比例关系。这是两者的共同点。两者的不同点就在于：社会资本扩大再生产的实现条件考虑了积累问题。因此，积累是否合乎比例，直接影响经济能否按比例协调发展。

① 《马克思恩格斯文集》第6卷，人民出版社2009年版，第587-588页。

因此，社会资本再生产理论揭示了市场经济条件下国民经济运行的基本原理。国民经济要正常运转，核心是要实现社会总产品。要实现社会总产品，社会生产就要按比例协调进行。国民经济如果不按比例协调发展，就会出现经济波动，严重的还会出现经济危机。

第三节　对马克思社会资本扩大再生产理论的不同见解

一、关于我国宏观经济发展指导思想的不同见解

1. 西方宏观经济学分析框架的不足

当前，以凯恩斯《通论》为代表的西方宏观经济学派统治了宏观经济分析。凯恩斯的有效需求理论将宏观经济学归纳为三个命题：

第一，均衡产出是由有效需求决定的。按照凯恩斯理论，资本主义经济通常是在远未达到充分就业状态的情况下运行的。同需求相比，经济的供给能力是无限大的，价格不会因生产规模的变化而变化。因此，均衡产出、进而就业是由有效需求决定的。所谓有效需求，就是商品总供给价格等于总需求价格时的总需求。这就否定了萨伊定律所提出的供给会自行创造需求的理论，明确了需求管理在宏观经济管理中的核心地位。

第二，在资本主义社会，存在着有效需求不足。有效需求是消费需求与投资需求之和。有效需求不足是由消费需求不足和投资需求不足引起的。之所以存在着消费需求不足，是由于存在着消费倾向递减。随着人们收入的增加，消费也增加，但消费增加不如收入增加得快。消费倾向递减导致消费需求不足。

投资需求是由资本边际效率和利率共同决定的。所谓资本边际效率，就是通常讲的资本预期利润率。当资本的预期利润率大于利率时，企业家就进行投资。相反，当资本的预期利润率小于利率时，企业家就不会进行投资。凯恩斯指出，由于存在货币的灵活偏好，因此，利率总会保持一定的高度。所谓灵活偏好，就是指人们对货币的偏好。因为货币是灵活性最强的资产，货币随时可以作交易用，以应付不测之需，随时可以作投机用，因而人们对货币就存在着偏好。利率就是放弃货币的灵活偏好所获得的报酬。由于人们总是要保留一定的货币在手上，故利率总要保持一定的高度。而且，对货币的需求量越大，利率就越高。在利率总是保持一定高度的同时，资本边际效率，即预期的资本利润率却存在着递减的倾向。这是因为对任何一个产品投资增加，会导致该产品供给增加，在需求不变的前提下，供给增加会导致利润率下降；同时，对该产品投资增加，则供给该产品的原材料、机器设备等各种生产资料的价格会上涨，劳动力成本会增加，这就提高了产品的生产成本，从而导致利润率下降。除此之外，投资受宏观形势、行业形势、政治局势等各种因素的影响很大，从而导致资本家对未来的信心不足，这也会导致资本的预期利润率下降。一方面利率要保持一定的水平，另一方面资本的预期利润率呈递减趋势，两者结合，就导致投资需求不足。

因此，凯恩斯就用消费倾向递减、资本边际效率递减和灵活偏好这三个基本的心理规律解释资本主义有效需求不足。

第三，由于存在有效需求不足，因此需要国家干预。有效需求不足理论否定了市场机制能够自动实现均衡的萨伊定律，这就为国家干预经济提供了理论支撑。凯恩斯重点强调用财政政策特别是扩张性财政政策干预经济，后来，凯恩斯主义经济学家进一步提出以财政政策和货币政策为核心的一揽子政策干预目标。

凯恩斯的《通论》奠定了宏观经济学以国民收入为核心的理论分析框架，随着宏观经济学的发展，西方经济学将GDP增长摆在宏观调控的第一目标，进而提出了宏观调控的4大目标：即经济增长、物价稳定、就业充分和国际收支平衡。这种以GDP增长为核心的发展思路并未实现经济稳定发展，反而导致经济发展出现了一系列问题：

（1）周期性的经济危机。马克思指出，资本主义市场经济会爆发周期性的经济危机，这种经济危机的物质基础在于固定资产的周期性更新，根源在于资本主义基本矛盾。这是马克思对自由资本主义市场经济条件下经济危机爆发的深刻揭示。自凯恩斯《通论》发表后，西方政府都对市场经济进行宏观调控，在此条件下，以GDP增长为核心的宏观调控进一步诱发了周期性的经济危机。这是因为，在自由市场经济条件下，在假设技术进步不变的前提条件下，当总需求大于总供给时，价格上涨，厂商会增加供给，消费者会减少需求，从而最终导致总供求平衡。当总需求小于总供给时，价格下降，厂商会减少供给，消费者会增加需求，从而最终导致总供求平衡。当没有外来冲击时，依靠市场的力量理论上能够实现供求平衡。但是，一旦考虑政府行为，如果政府以GDP增长为核心目标时，就会导致经济波动更加剧烈。这是因为，当总需求大于总供给存在经济过热时，政府的宏观经济政策要追求经济平衡，这时需要采取紧缩性的政策来促进经济平衡，但政府出于经济增长的需要往往不会采取紧缩性政策刺激平衡，从而导致经济进一步过热，价格猛涨，最终导致供求严重不平衡，导致调节经济平衡的难度更大，并最终导致总供给远大于总需求，这时候，经济就会快速陷入萧条，而当经济陷入萧条时，政府为迅速走出经济危机，往往会采取过度刺激政策，这种扩张性的财政货币政策虽然短期内能够快速止住经济下跌，但仍难以解决产能过剩问题以及与之相伴的债务、房市等问题，从而使经济长时期陷于萧条。因此，当政府以GDP增长为核心目标时，就会导致政策采用扩张性政策容易，而采用紧缩性政策难，导致经济较长期地陷入失衡，从而进一步加深经济危机。

（2）资本主义再生产条件下的均衡很难实现。马克思虽然给出了经济均衡的实现条件，但是，他指出，资本主义社会的均衡很难实现，很不稳定。之所以很难实现经济均衡，有三点原因：

一是存在投资悖论。资本家进行资本积累、扩大投资的目的是实现价值增殖。但是，随着投资的扩大、资本有机构成的提高，利润率趋向下降，导致价值增殖速度减缓，同时，随着资本积累的进行，劳动生产率不断提高，这会减少生产商品的社会必要劳动时间，从而降低商品的价值，进而导致现有资本的周期贬值。因此，投资的目的是要追求价值增殖，但随着资本积累的不断进行，现有资本却不断周期贬值，这就是投资悖论。因此，“现有资本的周期贬值，这个为资本主义生产方式所固有的、阻碍利润率下降并通过新资本的形成来加速资本价值的积累的手段，会扰乱资本流通过程和再生产过程借以进行的现有关系，从而引起生产过程的突然停滞和危机”。①

二是投资和消费之间存在矛盾。一方面，资本主义扩大再生产要求不断扩大投资，但随着投资的扩大，社会总供给不断增加，而工人却只能获得相当于劳动力价值的工资，导致有效需求不足，因此，生产无限扩大的趋势和有支付能力的需求相对缩小之间存在难以解决的矛盾，导致无法实现均衡。

三是资本主义社会的基本矛盾决定无法实现均衡。随着资本主义生产的发展，资本日益集中。随着资本集中的进行，一方面，“科学日益被自觉地应用于技术方面，土地日益被有计划地利用，劳动资料日益转化为只能共同使用的劳动资料，一切生产资料因作为结合的、社会的劳

① 《马克思恩格斯文集》第7卷，人民出版社2009年版，第278页。

动的生产资料使用而日益节省，各国人民日益被卷入世界市场网”①，生产越来越社会化、国际化。另一方面，随着资本的集中，资本主义生产越来越服从于资本家追求剩余价值的狭隘目的，资本家对工人阶级的压迫、奴役、剥削的程度不断加深，工人阶级的反抗也日益增长，因此，生产资料集中和劳动社会化之间的矛盾也不断加深，最终导致资本主义私有制的消灭和资本主义社会的灭亡。

因此，在资本主义社会，经济危机属于常态化现象。“在周期性的危机中，营业要依次通过松弛、中等活跃、急剧上升和危机这几个时期。”② 在不同时期，资本投资的量是极不一致的，经济很难实现均衡。

（3）经济与资源、环境问题难以平衡。从 1776 年第一次工业革命算起，西方国家率先在全球实现了工业化。西方国家的工业化过程消耗了大量的能源资源，同时给全球生态环境造成了极大的损坏。以煤炭为例，煤炭是工业化初期最主要的能源，到 1900 年，英、美、德、法、日 5 国消耗的煤炭产量总和已经达到 6.641 亿吨。③ 后来，石油成为经济发展的主要能源。当前，西方经济发展带来了严重的环境污染问题，工业革命以来全球与能源相关的二氧化碳累积排放量，发达国家占将近 70%，这是导致今天气候变化的主要原因。所以，正如习近平总书记所讲的，“不能想象我们能够以现有发达水平人口消耗资源的方式来生产生活，那全球现有资源都给我们也不够用！”④ 正是由于发达国家发展消耗了大量资源，并导致全球气候变暖等问题，这就说明以 GDP 增长为核心的经济发展思维与资源、环境之间难以平衡，因此，必须转变经济发展方式。

---

① 《马克思恩格斯文集》第 5 卷，人民出版社 2009 年版，第 874 页。

② 《马克思恩格斯文集》第 6 卷，人民出版社 2009 年版，第 207 页。

③ 数据来源：李京文、方汉中主编：《国际技术经济比较——大国的过去、现在和未来》，中国社会出版社 1990 年版，第 6 页。

④ 习近平：《习近平谈治国理政》，外文出版社 2014 年版，第 120 页。

（4）经济发展与收入分配难以取得平衡。马克思指出，随着资本积累的进行，财富在资本家一边集中，而贫困在工人一边集中，这就导致收入分配的两极分化。因此，在资本主义社会，经济发展与收入分配无法实现平衡。当政府追求以 GDP 增长为核心，容易奉行以促进投资为主的经济政策，这种以促进投资为主的经济政策实际上是有利于有产阶级的，这就会更容易拉开收入差距。

因此，奉行以经济增长为核心的发展思路，可能会导致经济危机更加频繁，经济发展与环境失衡、经济发展与收入分配失衡。因此，宏观经济研究的核心不是国民收入决定，而应该是以国民经济平衡为核心，构建以平衡为核心的新平衡经济学，从而缓解经济失衡。

2. 马克思社会再生产理论的分析框架

在《资本论》第二卷中，马克思将社会总产品按用途分为生产资料部类（第Ⅰ部类）和消费资料部类（第Ⅱ部类）这两大部类，每一部类的资本按价值构成都可以分为不变资本（c）、可变资本（v）和剩余价值（m）这三个组成部分。假定产品按照价值进行交换；生产资本组成部分不发生价值革命；假定剩余价值没有全部用于个人消费，而是有一部分用于追加投资，则社会资本扩大再生产的实现条件是

$$\text{Ⅰ}(v+m)=\text{Ⅱ}c+\text{Ⅰ}\Delta c+\text{Ⅱ}\Delta c \tag{4-10}$$

$$\text{Ⅰ}(c+v+m)=\text{Ⅰ}c+\text{Ⅰ}\Delta c+\text{Ⅱ}c+\text{Ⅱ}\Delta c \tag{4-11}$$

$$\text{Ⅱ}(c+v+m)=\text{Ⅰ}(v+\Delta c+m/x)+\text{Ⅱ}(v+\Delta c+m/x) \tag{4-12}$$

这 3 个公式给出了资本主义扩大再生产条件下的经济均衡分析。公式表明，在资本主义社会中，投资是扩大再生产的首要动力。竞争的外在压力和资本家追逐剩余价值即利润的内在动力促使资本家不断进行投资。投资分为两个部分：一部分用于追加不变资本投资，也就是用来追加购买原料、辅助材料和劳动资料的投资。另一部分用于追加招聘工人，用于支付追加招聘工人的工资。经济能够在保持扩大再生产的同时

实现经济平衡。当满足扩大再生产的实现条件时，经济就实现平衡。关于平衡，要把握两点：

（1）这里的平衡包括两种类型：第一种类型是总量平衡。公式表明生产资料的总供给与生产资料的总需求相等；生活资料的总供给与总需求也相等。因此，

$$\mathrm{I}(c+v+m)+\mathrm{II}(c+v+m)=(\mathrm{I}c+\mathrm{I}\triangle c+\mathrm{II}c+\mathrm{II}\triangle c)+\mathrm{I}(v+\triangle c+m/x)+\mathrm{II}(v+\triangle c+m/x) \tag{4-13}$$

式（4-13）表明，整个社会的总供给与社会的总需求相等。第二种类型是结构平衡。公式表明，第Ⅰ部类的可变资本加上剩余价值，应等于第Ⅱ部类的不变资本。因此，两大部类之间的交换要顺利进行，两大部类之间的供给与需求也要保持平衡。

（2）这里的均衡是动态平衡。这种动态表现为社会资本扩大再生产是在一定的时间内（通常是一年）内进行的。在这段时间内，投资、消费、劳动力都保持一定比例的增长速度，从而最终实现动态均衡。所以，马克思指出：资本“只能理解为运动，而不能理解为静止物”。①

因此，马克思的社会再生产理论，揭示了资本主义自由市场经济条件下，依靠市场这只“无形的手”实现平衡的条件。但是，这种平衡实际上只是考虑产业资本条件下的平衡，因此，需要将其扩张，要考虑各类市场主体和政府条件下的平衡，从而构建新平衡经济学。

二、关于构建新平衡经济学的分析

1. 新平衡经济学的唯物辩证法基础

构建新平衡经济学，就是要构建以经济平衡为经济发展首要目标的经济分析框架。经济发展的首要目标不是 GDP 增长，而是经济平衡。

---

① 《马克思恩格斯文集》第 6 卷，人民出版社 2009 年版，第 121-122 页。

要先有经济平衡，然后才能谈到经济增长。在西方宏观经济学界定的宏观经济四大目标即经济增长、物价稳定、就业充分和国际收支平衡中，经济增长是摆在国际收支平衡之前的，可见，在西方宏观经济学中，是先有增长，才有平衡，要在增长中促进平衡，经济平衡的目的是促进经济增长。但是，在马克思社会再生产理论中，马克思认为简单再生产是扩大再生产的前提和基础。社会资本简单再生产的核心要义是要保持经济按比例协调发展。有了简单再生产，然后，才能谈到扩大再生产，扩大再生产就是要求经济增长。因此，马克思的社会再生产理论中，前提是经济平衡，是简单再生产，有了经济平衡，才能谈到扩大再生产。扩大再生产的3个实现条件也说明，要在保持经济平衡中才能实现经济增长。因此，马克思的社会再生产理论认为，经济发展的核心是经济平衡，要在平衡中促进增长，增长的目的是保持经济平衡。这是马克思社会再生产理论与西方宏观经济学理论的根本区别。

长期以来，学术界对于经济平衡和经济增长的关系理解得不是很深刻。学术界始终将经济增长作为宏观经济调控的核心，这是导致西方宏观经济发展出现一系列问题的理论根源。经济发展的核心是经济平衡，经济发展是在经济平衡基础上出现的自然结果，只有这样，才能保持经济发展、收入分配和环境等各个要素之间的平衡，在平衡基础上自然而然地推进经济增长。否则，将经济增长作为宏观调控的核心，就会导致各方面关系的紧张。

从哲学的角度来看，是经济平衡决定经济增长，经济增长对经济平衡有反作用。经济平衡对应的哲学基础就是要全面地看问题。经济增长就是经济哲学的发展论。马克思主义辩证法告诉我们：

（1）世界是普遍联系的，运动是事物联系的运动。世界上的一切事物都是普遍联系的。事物的联系具有普遍性和客观性。任何事物的客观存在必然表现为一定的内部联系和外部联系。当分析事物的联系时，我们不是把事物当作实物、现象、个体的堆积，而是把事物当作系统，从系统的角度把握事物的相互联系。将该原理应用到经济上，就意味着经济作为一个系统，经济系统中各个要素之间也是互相联系的，经济系统与政治、法律、意识形态等其他系统之间也是相互联系的。经济发展必然表现为经济系统中各个要素之间的相互联系。

（2）联系导致运动、变化和发展，各种事物的运动也是相互联系的。唯物辩证法认为，事物运动变化发展的根本原因在于事物的普遍的相互联系。这些相互联系的物体相互作用，从而构成物质运动。同时，事物的各种运动形式之间也是相互联系的。低级运动形式是高级运动形式的基础，高级运动形式包含着低级运动形式。可见，联系是比运动更基础的哲学范畴。是在联系中才有运动，运动导致事物的联系不断发展。将该原理应用到经济平衡和经济发展，意味着平衡是比发展更为基础的经济学范畴，要在平衡中求发展，在发展中求平衡。发展有低级和高级之分，低级发展就是简单再生产，高级发展就是扩大再生产。所以，先有低级发展，才有高级发展，是平衡决定发展，而不是相反。

（3）系统的本质特征是整体性，整体决定部分。所谓整体性，是指系统中的诸要素作为一个相互联系的整体而起作用。整体性是系统的本质特征。整体是由局部构成的。整体与局部之间相互包含、相互转化，但整体不一定等于局部之和。整体作为系统，具有局部所没有的功能，同时，整体作为整体，其功能既可能大于、也可能小于局部之和。因此，这应用到经济学来，就意味着经济平衡作为整体，经济增长作为局部，经济平衡和经济增长之间可以相互包含、相互转化。要在经济平衡中促进经济增长，要在经济增长中推动经济平衡。好的经济增长能够促进经济系统的平衡，各项经济要素的平衡能够有效地转化为经济增长。其次，经济平衡作为整体，不完全等同于经济增长。经济平衡具有经济增长所不具备的功能，只有从经济平衡出发，才能完全平衡经济系统和政治系统、生态系统等其他系统之间的平衡，这是强调经济增长的宏观经济学很难具备的功能。同样，经济平衡的好坏可能促进、也可能不利于经济增长。如果一味强调平衡，甚至为平衡而平衡，可能就会导致经济停滞增长，但是，如果经济不平衡，各项经济结构不匹配，一味强调经济增长，则可能会导致经济结构不合理，甚至是经济失衡，从而最终导致经济衰退。

因此，从唯物辩证法的角度来看，我们必须树立以经济平衡为核心的经济发展理念。经济平衡决定经济增长，经济增长反作用于经济平衡，只有这样，我们才能树立起真正科学的宏观调控理念，建立新平衡经济学。

2. 新平衡经济学的基本分析目标

根据经济平衡和经济发展的关系，我们可以将社会再生产（宏观调控）的基本目标确定为经济平衡、就业稳定和收入稳定这三大目标。

（1）经济平衡。经济平衡包括两层意思：

第一，经济平衡包含着经济增长。经济平衡，也就是经济按比例协调发展，包含两种发展：一种是简单再生产条件下的按比例协调发展，一种是扩大再生产条件下的按比例协调发展。不管实现了哪一种，理论上都可以叫作实现了经济平衡。这就打破了只是把经济增长，也就是扩大再生产条件下的按比例协调发展作为经济发展的唯一目标。同时，强调经济平衡，就不仅仅是强调速度问题，更重要的是强调比例问题、结构问题。只有结构合理的经济发展才能保持健康的发展速度。结构决定比例。

正如陈云指出的，“按比例发展是最快的速度”。[①] 陈云在回顾我国经济发展历史时谈到，在计划经济时代，我们单纯突出钢，强调以钢为

---

① 陈云：《坚持按比例原则调整国民经济》，《陈云文选》第三卷，人民出版社 1995 年版，第 251 页。

纲，搞钢，就需要煤、电、有色金属等等。突出一点，电跟不上，运输很紧张，煤和石油也很紧张。所以，陈云指出，“过去说，指标上去是马克思主义，指标下来是修正主义，这个说法不对。踏步也可能是马克思主义”①。

所以，经济发展，不能一味强调经济增长，首先要强调的是经济按比例协调发展，强调经济结构合理，只有经济结构合理，速度自然而然地就上去了。否则，强制上去的经济速度必然是不健康的速度，是经济结构失衡的速度，最后只能用更大的代价来调整经济结构。

第二，经济平衡主要包括四大平衡。国民经济发展要综合反映物资、货币、财政和国际收支这四大平衡之间的关系。

国民经济平衡首先是使用价值平衡，也就是物资平衡。当前，SNA核算本质属于价值核算，而忽视使用价值平衡。马克思的社会再生产理论指出，国民经济平衡首先是使用价值平衡，使用价值平衡是价值平衡的前提。所以，研究国民经济平衡，基础是使用价值的平衡，也就是物资平衡。这是国民经济平衡理念与经济增长理念的根本区别。正如马克思指出的，经济危机的本质是生产过剩的危机。因此，马克思是从使用价值不平衡来考察经济危机的，离开这一点，就不能理解经济平衡的本质。当前我国经济发展最突出的问题也是生产过剩。要实现经济平衡，首要问题就是要解决物资平衡。这是国民经济平衡思想的突出反映。

国民经济发展要在保持物资平衡的同时实现价值平衡。价值平衡的核心是货币平衡。也就是要求货币总供给与货币总需求相等。传统的计划经济认为要保持价值平衡，就是要保持信贷平衡。如果将发行人民币理解为信用行为，货币总供求就理解为信贷平衡。但是，按照马克思的货币五职能理论，信贷只是货币五职能中的支付职能，因此，将五职能

① 陈云：《坚持按比例原则调整国民经济》，《陈云文选》第三卷，人民出版社1995年版，第251页。

全部笼统地概况为支付职能值得商榷。货币最根本的职能是流通职能，支付职能也是在流通职能上衍生出来的，所以，将价值平衡归纳为信贷平衡理论上似乎是可行的，但如果从历史的角度来看，将价值平衡归纳为信贷平衡是站不住脚的，因为历史上存在着很长时间的金本位制。所以，价值平衡的核心还是理解为货币供求平衡比较合适，信贷平衡最终还是为满足货币供求平衡服务的。货币供求平衡的标志就是物价总水平的稳定。因此，可以将西方宏观经济学的物价稳定作为指标，判断货币供求平衡与否。

如果说物资平衡和货币平衡是马克思社会再生产理论的核心，那么，财政平衡则是考虑政府的财政收支平衡，它属于部门平衡。政府作为最重要的宏观调控部门，其财政收支平衡对于经济平衡与否起着重要作用，所以，有必要将其单列出来。国际收支平衡则是考虑国内外的平衡。国际收支平衡意味着国际平衡，国际平衡意味着经济发展外部环境的平衡，这是促进国内平衡的外部条件。因此，财政平衡和国际收支平衡是从政府和市场的角度、国际和国内的角度将经济平衡进一步具体化。它们深化了对经济平衡的研究。

因此，经济平衡包括四大平衡：物资平衡、货币平衡、财政平衡和国际收支平衡。这四大平衡中，物资平衡和货币平衡是最基础的平衡，财政平衡和国际收支平衡从不同的角度深化对经济平衡的认识。在物资平衡和货币平衡中，物资平衡更为关键，因为使用价值是价值的前提和物质承担者。因此，经济发展首先要解决的是物资平衡。要防止出现两种情况：一种是物资过多，这会出现产能过剩，引起经济下行。在市场经济条件下，严重的产能过剩会引起经济危机。同样，也不能出现物资过少，这会引起物资短缺。在计划经济条件下，由于存在长期的物资缺乏，进而引起长期的投资饥渴。

（2）就业稳定。就业稳定是经济发展的重要目标。所谓就业稳定，是指有意愿就业的人都能实现就业。就业稳定不完全等同于充分就业。正如马克思指出的，相对过剩人口是资本主义生产方式存在和发展的条件。所以，要求资本主义社会实现充分就业是不可能的。但不论是资本主义国家还是社会主义国家，都要求实现就业稳定，这既是经济任务，更是首要的政治任务。同时，经济平衡特别是经济增长与就业稳定密切关系。根据奥肯定律，经济增长会拉动资本主义发达国家经济就业。所以，经济增长和就业稳定之间存在相关关系。

（3）收入稳定。在宏观经济政策中明确提出收入稳定，这是宏观经济学的重要创新。一般来说，西方宏观经济政策没有将收入分配纳入宏观调控的范围。这深刻反映了西方宏观经济政策的立场。西方宏观经济学就是资产阶级的宏观经济学，它是为资产阶级服务的，所以，它不可能将收入分配作为宏观调控的目标。这实际上是默许、甚至是鼓励收入分配的差距拉大。而马克思主义再生产理论作为无产阶级的社会再生产理论，应该而且要将收入分配稳定纳入宏观调控的视线范围内。这种纳入，一是有利于将宏观经济学和微观经济学有机联系起来。一般来说，微观经济学由生产论和分配论两个方面的内容组成，现在的西方宏观经济学一直要建立其微观基础。但是，现在建立宏观经济学的微观基础，只是在生产层面建立，分配层面就没有提及，因此，将收入稳定纳入宏观经济层面，有利于将微观经济学和宏观经济学有机联系起来。二是有利于明确阐述社会主义共同富裕理想。共同富裕是社会主义的理想，也是奋斗目标。

对于收入稳定，要明确以下两点：一是收入稳定不等于收入平均分配。收入稳定的含义是指每个人的收入都是稳定的，这种稳定不等于平均分配。我国的分配制度是按劳分配为主体，多种分配方式并存。按劳分配的基本精神是多劳多得、少劳少得、不劳不得。这本身就是对平均分配的否定。另外，多种分配方式并存的理论基础是按要素所有权分配。由于不同要素所有者掌握的要素数量和质量不同，故此，不同要素所有者的分配数量也是不同的。所以，收入稳定不等于收入平均。它更多的是指每个劳动者今年的收入与去年相比，保持稳定甚至是有所增加。二是收入稳定有助于促进生产发展。生产决定分配，只有蛋糕做大了，可分配的蛋糕才能多。同时，分配对生产有反作用，分配的公平与否对于生产效率的提高具有重要的促进或者促退作用。因此，通过稳定收入分配，有助于稳定劳动者的预期，推进生产发展。这就要求国家在宏观调控时，要通过调整初次分配和再分配，从而推进生产的发展。

（4）经济平衡、就业稳定和收入稳定三者的关系。因此，宏观经济政策的目标应该是经济平衡、就业稳定和收入稳定。这三大目标之间存在着密切的联系。经济平衡是基础，只有经济平衡，才能实现经济稳定发展，从而实现就业稳定和收入稳定这两大目标。就业稳定是关键，就业稳定，就是要让有意愿就业的劳动者都能实现就业。这应该是宏观调控的首要政治任务。经济平衡决定就业稳定，就业稳定是经济平衡的被决定变量和滞后变量。只有实现就业稳定，才能实现经济政治大局的稳定。收入稳定是结果，如果经济平衡更多的是生产和流通层面的平衡，而不能带来分配层面的平衡，这种平衡是不稳定的。只有实现收入层面的稳定，才能带动生产和流通层面的平衡，进而促进经济平衡。因此，经济平衡、就业稳定和收入稳定这三大目标体现持了马克思主义的核心理论：一是坚持以人为本。社会再生产也要坚持以人为本，因为劳动者是创造财富的唯一源泉。坚持以人为本，反映在宏观层面，就是要实现就业稳定。这样，才能克服资本主义社会再生产难以解决相对过剩人口的弊病。二是坚持经济平衡，就是坚持生产和流通流域要按比例协调发展。只有生产和流通领域各个经济主体都按比例协调发展，才能实现经济的稳定增长。经济稳定增长的基础和前提是经济平衡。只要经济平衡发展，就自然而然地能够带来 GDP 增长。三是坚持收入稳定，就是将分配领域纳入宏观调控的视野。就是将生产关系纳入宏观调控的视野。这就坚持马克思社会再生产理论的四分法：即将生产、流通、分配和消费这四大环节都纳入宏观调控的视野。这就打破了西方宏观经济政策目标回避将收入稳定纳入宏观经济政策的不足，从而建立起马克思主义社会再生产理论的分析框架。同时，将生产关系纳入宏观分析视野，体现了生产力和生产关系的辩证关系。这就打破了西方宏观经济学将生产力和生产关系相互割裂开来的研究弊端，从而有利于重塑宏观分析的整体框架。

三、新平衡经济学的分析框架

1. 计划经济条件下的平衡经济学

马克思去世后，社会主义国家建立起计划经济体制。计划经济体制下实现经济平衡是社会主义国家孜孜以求的目标。在此情况下，苏联和我国都探索了计划经济条件下的平衡经济学。这种平衡经济学，核心的概述就是要实现平衡，关键是要实现财政、信贷和物资三大平衡。

经济平衡首先是物资平衡。物资平衡，经济才能稳定。这种物资平衡，在计划经济条件下，表现为建设规模要和国力相适应。陈云指出："建设规模的大小必须和国家的财力、物力相适应。适应还是不适应，这是经济稳定或不稳定的界限……建设的规模超过国家财力、物力的可能，就是冒了，就会出现经济混乱；两者合适，经济就稳定。当然，如果保守了，妨碍了建设应有的速度也不好。但是，纠正保守比纠正冒进要容易些。"① 同时，要保持物资平衡，物资要合理分配，排队使用。应该先保证必需的生产和必需的消费，然后再进行必需的建设。要处理

① 陈云：《建设规模要和国力相适应》，《陈云文选》（第三卷），人民出版社 1995 年版，第 52 页。

好各个部门之间的关系，这些关系，包括处理好重工业、轻工业和农业的关系、沿海工业和内地工业的关系、煤、电、运输等先行工业部门与其他部门的关系、钢铁工业和机械工业的关系，等等。

经济平衡要求财政收支平衡和银行信贷平衡。陈云指出："财政收支和银行信贷都必须平衡，而且应该略有结余。只要财政收支和信贷是平衡的，社会购买力和物资供应之间，就全部来说也会是平衡的。1950年到1955年财政收支平衡和物资供需平衡的状况，从正面证明了这一点。1956年，由于财政上有了赤字，物资供应就不平衡，又从反面证明了这一点。"①所谓财政结余，并不只是结余钞票，主要是结余相应的物资。

因此，概况计划经济条件下的平衡，核心就是要求三大平衡。这三大平衡中，又以物资平衡为首。这说明，计划经济的实践证明，平衡首先是使用价值的平衡，使用价值只有先平衡，然后才能要求价值平衡。价值平衡是建立在使用价值平衡基础上的。

当然，计划经济条件下的三大平衡是通过计划来实现的。因此，计划经济虽然有价格，但这种价格更多的是计划定价，价值平衡更多的是一种模拟市场条件下的平衡，这种平衡，导致财政平衡和信贷平衡对于物资平衡的反作用很难体现出来。因此，市场经济条件下的平衡必须更多地考虑价值平衡和使用价值平衡的相互作用。所以，需要有新的平衡经济学加以扩展。

2. 社会主义市场经济条件下新平衡经济学的分析框架

（1）拓展马克思社会再生产实现条件的依据。第一，企业结构从劳资地三元结构到劳资企地四元结构。马克思假定资本主义企业只存在工人、资本家、土地所有者这三大生产要素。随着资本集中，企业规模

① 陈云：《建设规模要和国力相适应》，《陈云文选》（第三卷），人民出版社1995年版，第52-53页。

不断扩大，企业的所有权和经营权出现分离，于是在企业中出现经理人，即企业家这个新的生产要素。经理人（企业家）是受所有者委托负责企业经营的人。马克思指出，资本指挥劳动是劳动过程本身进行所必要的条件，是实际的生产条件，这种管理、监督和调节的职能是资本的职能。当出现经理人这个生产要素后，其实质是资本家将资本的职能委托给经理人执行，经理人代表资本家执行资本的职能，因此，经理人所获得的收入是剩余价值的一部分。

企业家的出现导致资本主义企业结构从三元结构转变为四元结构。随着企业家出现，企业产权主体向多元化、社会化方向发展。企业不再为资本家独家拥有，经理人、科技人员、普通员工都成为产权主体。同时，随着资本市场的发展，企业成为公众公司，社会普通民众也可以通过购买股票成为公司股东。企业产权多元化、社会化的发展在很大程度上缓解了劳资矛盾。产权多元化发展也使企业治理结构发生变化，企业治理结构从以前的工厂制度转向公司制度，企业逐渐形成了股东大会、董事会、经理层的法人治理结构。四元结构的出现意味着马克思的社会再生产理论必须进行拓展。

第二，政府是社会再生产的重要主体。马恩在不同著作中对于国家的产生、本质、现代国家的特征及其未来发展方向进行分析。恩格斯指出，“国家是从控制阶级对立的需要中产生的”,[①] “国家的本质特征，是和人民大众分离的公共权力。”[②] 马克思指出：“现代的国家政权不过是管理整个资产阶级的共同事务的委员会罢了。”[③] 在共产主义社会，国家必然要消亡。恩格斯指出：“当国家终于真正成为整个社会的代表

① 恩格斯：《家庭、私有制和国家的起源》，《马克思恩格斯文集》（第 4 卷），人民出版社 2009 年版，第 191 页。

② 恩格斯：《家庭、私有制和国家的起源》，《马克思恩格斯文集》（第 4 卷），人民出版社 2009 年版，第 135 页。

③ 马克思：《共产党宣言》，《马克思恩格斯文集》（第 2 卷），人民出版社 2009 年版，第 33 页。

时，它就使自己成为多余的了。”① 对于马恩的国家理论，西方马克思主义者列菲弗尔说：“如果有人想在马克思的著作中寻找一种国家理论，也就是想寻找一种连贯和完全的国家学说体系，我们可以毫不犹豫地告诉他，这种学说体系是不存在的。反之，如果有人认为马克思忽视了国家，我们也可以告诉他，国家问题是马克思经常关注的问题。在他的著作中，有关于国家的一系列论述和一种显然已经确定了的方向。”②

1936 年，凯恩斯发表《就业、利息和货币通论》，将政府纳入经济学的研究视野，从而开创了宏观经济学。实践证明，政府是社会再生产不可缺少的要素。“政府的职责和作用主要是保持宏观经济稳定，加强和优化公共服务，保障公平竞争，加强市场监管，维护市场秩序，推动可持续发展，促进共同富裕，弥补市场失灵。”③ 政府的各项政策对于调控经济均衡发展起着重要作用，必须将政府纳入社会再生产研究框架。

因此，要完整领会资本主义条件下的社会再生产理论，就必须将三要素论扩展到五要素论，将经理人和政府纳入再生产考虑范畴。一旦考虑五要素论，由于资本家可以分为产业资本家、商业资本家和借贷资本家三种类型，因此，完整的资本主义社会再生产理论包括七大主体：产业资本家（含商业资本家）、借贷资本家、工人、土地所有者、企业家、政府和国外资本家。七大主体分别通过产品市场、信用市场、劳动力市场、土地市场、经理人市场、政府购买市场和国际市场发生作用，从而构成完整的社会再生产体系。

（2）五要素论条件下的社会再生产实现条件。在三要素条件下，

① 恩格斯：《反杜林论》，《马克思恩格斯文集》（第 9 卷），人民出版社 2009 年版，第 297 页。

② 转引自郁建兴：《论全球化时代的马克思主义国家理论》，《中国社会科学》，2007 年第 2 期。

③ 十八届三中全会：《中共中央关于全面深化改革若干重大问题的决定》。

假设产业资本家是全部剩余价值的占有者。在五要素条件下，可以根据研究问题的变化改变该假设条件，一共可以变化出128种假设条件。这里只考虑最复杂的一种假设条件，假设产业资本家、商业资本家、借贷资本家、土地所有者、企业家、政府和国外资本家共同占有生产者；假设商品价格按照价值出售，假设资本家能够在市场上购买到所需要的工人和科技人员，则在这三个假设条件下，根据马克思社会再生产的两个基本原理，可以得到

$$w_1 = c_1 + v_1 + c_2 + v_2 + c_3 + v_3 + c_4 + v_5 + c_6 + v_6 + c_7 + v_7 + m_1 + m_2 + m_3 + m_4 + m_5 + m_6 + m_7 \quad (4-14)$$

$$w_2 = c_1 + v_1 + c_2 + v_2 + c_3 + v_3 + c_4 + v_5 + c_6 + v_6 + c_7 + v_7 + m_1 + m_2 + m_3 + m_4 + m_5 + m_6 + m_7 \quad (4-15)$$

这里，w_1 表示生产资料部类（第Ⅰ部类）产品总价值；w_2 表示生活资料部类（第Ⅱ部类）产品总价值。c_1、v_1 表示产业资本家所耗费的不变资本和可变资本；c_2、v_2 表示商业资本家所耗费的不变资本和可变资本；c_3、v_3 表示借贷资本家所花费的不变资本和可变资本；c_4 表示土地所有者提供的土地要素；v_5 表示企业家所耗费的人力资本；c_6、v_6 表示政府所耗费的不变资本和可变资本；c_7、v_7 表示国外资本家所耗费的不变资本和可变资本。

在此情况下，要保持社会资本简单再生产顺利进行，必须满足三个实现条件：

$$\text{Ⅰ}(v_1 + m_1 + v_2 + m_2 + v_3 + m_3 + m_4 + v_5 + m_5 + v_6 + m_6 + v_7 + m_7) = \text{Ⅱ}(c_1 + c_2 + c_3 + c_4 + c_6 + c_7) \quad (4-16)$$

公式（4-16）表示，要使社会再生产顺利进行，第Ⅰ部类的可变资本加剩余价值之和要等于第Ⅱ部类的不变资本之和。

$$\text{Ⅰ}w_1 = \text{Ⅰ}(c_1 + c_2 + c_3 + c_4 + c_6 + c_7) + \text{Ⅱ}(c_1 + c_2 + c_3 + c_4 + c_6 + c_7) \quad (4-17)$$

公式（4-17）表示，第Ⅰ部类所生产的全部生产资料价值，必须等于两大部类主体所需要的生产资料价值之和。

$$\text{Ⅱ}w_2=\text{Ⅰ}(v_1+v_2+v_3+v_5+v_6+v_7+m_1+m_2+m_3+m_4+m_5+m_6+m_7)+\text{Ⅱ}(v_1+v_2+v_3+v_5+v_6+v_7+m_1+m_2+m_3+m_4+m_5+m_6+m_7) \quad (4-18)$$

公式（4-18）表示，第Ⅱ部类所生产的全部生活资料价值，必须等于两大部类所需要的生活资料价值之和。

（3）扩展马克思社会再生产实现条件的作用。在《政治经济学批判》导言中，马克思从生产、交换、分配、消费这4个环节的辨证关系出发研究经济运动规律。这为研究经济规律提供了最一般的分析框架。这4个环节中，生产决定交换、分配和消费；同时，生产就其片面形式而言也决定于其他要素。在《资本论》中，马克思以剩余价值理论为核心，详细阐述了资本主义条件下资本家、工人、土地所有者这三个要素所有者的生产、流通、分配和消费关系。在《政治经济学批判》序言中，马克思提出考察资本主义经济制度的六册计划：前三册考察资本、土地所有制、雇佣劳动；后三册考察国家、对外贸易和世界市场。但是，由于种种原因，马克思对于资本主义经济条件下国家、对外贸易和世界市场的运动规律没有进行详细考察。因此，将三要素论扩展到五要素论，就可以完整考察资本主义社会各个经济主体在社会再生产中的作用，从而完整地勾勒出资本主义市场经济的运行规律。

（4）对平衡实现条件的扩展。从公式可以看出，新平衡实现条件突破了对马克思社会再生产平衡理论的理解。这种突破表现在两个方面：一是对参与社会再生产的经济主体的突破。马克思的平衡经济学主要是针对产业资本而言的，新平衡经济学将其完整地扩大为七大主体，即产业（含商业）资本家、借贷资本家、工人、土地所有者、企业家、政府和国外资本家在内的经济主体。二是对平衡内涵的扩展。计划经济条件下，平衡主要指物资平衡、财政平衡和信贷平衡，新平衡经济学将平衡进一步扩展为物资平衡、货币供求平衡（含信贷平衡）、土地供求平衡、财政平衡、国际收支平衡、劳动力供求平衡、企业家供求平衡在内的七大平衡。这七大平衡，是对传统社会再生产理论所指的总量平衡和结构平衡理论的延伸和扩展。三是将平衡与利益调整紧密联系。由于将平衡主体从产业资本家扩展为七大主体，平衡中就包含着利益调整。保持利益格局的总体稳定就成为宏观调控的重要目标。这种稳定，从政策角度而言，就是要求考虑任何改革措施，都要考虑改革措施对不同利益群体的影响，从而保证改革举措尽可能实现各个利益群体的帕累托改进。

四、关于生产资料优先增长原理的不同见解

列宁将资本有机构成不变假设修改为资本有机构成提高，从而得出技术进步条件下生产资料优先增长的原理。列宁指出："总之，从马克思上述研究中能够得出的唯一正确的结论是：在资本主义社会中，生产资料的生产比消费资料的生产增长得快。"①

马克思在《资本论》第一卷中指出资本有机构成提高是一个客观的趋势。这个趋势是长期的。在《资本论》第三卷中，马克思指出存在着一系列起反作用的因素阻碍资本有机构成提高。这些因素主要包括不变资本各要素变得便宜、相对过剩人口的存在和对外贸易的发展。由于技术水平的提高，不变资本各要素变得便宜，这有利于降低资本有机构成。由于对外贸易的发展，资本家可以在不提高技术进步的条件下获得更广阔的市场；由于相对过剩人口的存在，有利于促使资本家雇佣更多的失业人口，这也有利于降低资本有机构成。因此，在资本主义社会

① 列宁：《论所谓市场问题》，《列宁全集》第一卷，人民出版社 1984 年版，第 67-68 页。

中，资本有机构成的提高不是线性的，而是一段时期内资本有机构成提高，一段时期内资本有机构成降低，因此，不能得出资本有机构成必然提高的结论。

正是由于资本有机构成提高是一个客观趋势，所以，要辩证看待生产资料优先增长原理。要正确处理好国民经济中农、轻、重的比例关系，不能够以牺牲农业、轻工业为代价片面发展重工业，这会导致国民经济比例严重失调，进而导致经济倒退，甚至爆发经济危机。苏联由于片面追求生产资料优先增长，追求重工业优先增长，导致人民生活水平长期得不到提高，从而使投资和消费比例、农轻重比例严重失调，最终导致苏联解体。

第四节　马克思社会资本扩大再生产理论的现实意义

社会资本再生产理论指出国民经济要协调发展，核心是要按比例协调发展。那么，该怎么应用这个理论呢？

怎么建设，怎么生产？马克思指出，经济要发展，就要不断进行生产和再生产。经济要持续发展，就要有扩大再生产。扩大再生产有两种方式：一种是外延式（粗放型）增长，这种增长主要是依靠增加自然资源、增加资本和劳动的投入来实现的。另一种是内涵式增长，这种增长主要是依靠劳动力素质的提高、技术进步来实现的。

改革开放以来，我国经济发展主要是依靠外延式扩大再生产推进的，它的特点是经济发展还是大量依靠上新项目、靠投资、大量增加生产要素投入，以实现经济增长。改革开放以来，我国投资率始终保持在30%以上，2003 年开始，我国投资率始终保持在 40%以上，2008 年国际金融危机后，我国推出 4 万亿元投资，导致投资率更是上升到接近 50%。而同期世界平均投资率在 20%～30%波动，美日德这三个发达国家的投资率也在 20%～30%波动。从对比中可以看出，与发达国家相比，我国经济发展的主要特点是投资驱动。这种投资驱动，加上我国充沛的劳动力供给，以及社会主义市场经济体制的建立和完善，极大地驱动了中国经济发展，成就了中国经济奇迹。

这种超高投资率给中国经济带来了一系列问题和风险：一是导致产能过剩。高投资导致生产能力迅速扩张，但内需却无法支撑如此庞大的生产能力，外需由于 2008 年国际金融危机也趋于减少，导致产能过剩问题凸显。目前，我国不仅仅是像钢铁、水泥这些传统产业存在过剩，而且部分新兴产业也存在产能过剩。产能过剩导致企业利润率迅速下降，企业生产经营困难。二是导致能源、资源、环境问题凸显。高投资背后是高的能源资源消耗和生态环境压力增大。2012 年，我国石油进口依存度已经超过 60%，环境承载能力已经达到或者接近上限。三是导致房地产和金融领域风险逐渐显性化。目前，中国部分城市房价上涨过快，诸多地方财政对土地收入有很强依赖，地方债务融资与银行关系密切。因此，银行贷款、地方债、土地、房价等形成密切关系，一旦房价下跌，土地财政收入减少，有可能引起系统性风险。四是导致货币超发严重。为刺激投资，我国前几年增发大量货币，导致通货膨胀的压力始终存在。

这种主要依靠投资拉动、依靠廉价劳动力推动中国经济发展的模式曾经创造了中国经济奇迹，但现在已经很难再推动中国经济发展了。如果我们还想继续依赖这条路径来推动经济发展，那我国经济就有可能陷入中等收入陷阱拔不出来。所以，我国经济发展必须要寻找新的出路。这个新出路，就是中央提的新常态。就是要打造中国经济升级版。反映在理论上，就是要从粗放型发展方式转变为集约型发展方式。所以，转变经济发展方式已经提了多年，如果说以前不转变还有生机的话，那么，现在不转型就很难有出路。中国经济是时候转型了，而且也必须转型。只有转型，才有可能寻找新的生机。

要实现经济转型，必须要抓住三点：

（1）保持稳定经济增长。党的十八大以来，我国经济增速在8%以下，经济增长从以前的高速增长转向中高速增长。因此，新常态下，要推进经济发展，首要任务就是要保持经济稳定增长。要保持经济稳定增长，我们不能再采取类似4万亿元的强刺激政策，而要通过宏观政策的微调、预调，通过区间调控，通过采取积极的财政政策和稳健的货币政策，通过调结构保持经济稳定增长。同时，稳增长不是不要投资，而是不要这么高强度的投资，不要强刺激政策不等于不要刺激，这是需要区分的。这会导致我们的经济结构进一步恶化。所以，要通过调结构来保持经济稳定增长。

（2）要推进经济结构优化升级。调整经济结构，总的思路是要在四化同步中调整，也就是在工业化、信息化、城镇化、农业现代化同步发展中调整。要调整经济结构：

第一，抓科技，国家提出要实施创新驱动发展战略，并明确把该战略摆在国家发展战略的核心。科学技术是第一生产力。为提高我国技术水平：要继续引进技术。从发达国家引进技术，引进、消化、吸收再创新；要抓住职业教育培训，职业教育培训对于培养高技能工人意义重大；要打破官本位体制，调动科研人员的积极性和创造性；要动员优势力量办大事，产学研联动，对关键性的技术集中攻关。

第二，去产能。消化过剩产能要多策并重：要淘汰一批落后产能，整合一批过剩产能，通过技术改造将传统产能转变为新增长点，要通过“一带一路”等相关战略向境外转移一批产能。

第三，推进产业结构优化升级。目前，我国产业结构总体还是发展中国家的水平，需要升级的地方很多。农业、工业、服务业都需要优化升级。城市地下管网，农村生产和生活方式、环境问题等都存在许多需要优化升级的领域。

第四，要推进区域经济协调发展。要通过重点实施“一带一路”、京津冀协同发展、长江经济带三大战略，推进区域经济协调发展。

第五，进一步提高开放水平。现在我国的开放格局跟以前不一样，以前是要招商引资，现在是强调引进来、走出去并重；以前我们是适应国际规则，现在则是要参与和影响全球经济治理。我们要做互利共赢发展理念的践行者、全球经济体系的建设者、经济全球化的推动者。

（3）要深化经济体制改革。深化改革要坚持社会主义市场经济的改革方向。习近平同志指出：“不能笼统地说中国改革在某个方面滞后。在某些方面、某个时期，快一点、慢一点是有的，但总体上不存在中国改革哪些方面改了，哪些方面没有改。问题的实质是改什么、不改什么，有些不能改的，再过多长时间也是不改。我们不能邯郸学步。世界在发展，社会在进步，不实行改革开放死路一条，搞否定社会主义方向的‘改革开放’也是死路一条。在方向问题上，我们头脑必须十分清醒。我们的方向就是不断推动社会主义制度自我完善和发展，而不是对社会主义制度改弦易张。我们要坚持四项基本原则这个立国之本，既以四项基本原则保证改革开放的正确方向，又通过改革开放赋予四项基本原则新的时代内涵，排除各种干扰，坚定不移走中国特色社会主义道路。”① 改革的核心是要处理好政府与市场的关系。要发挥市场的决定性作用，价值规律是首要经济规律，所以，要发挥市场的决定性作用。为此：国企要进一步改革。中共十八届三中全会指出国企与市场经济已经从总体上融合，但还要进一步改革；要推进公平竞争。现在存在的很

---

① 中共中央文献研究室编：《习近平关于全面深化改革论述摘编》，中央文献出版社2014年版，第15页。

多问题就是缺乏平等竞争。要实现公平竞争，就要求准入的标准要一致、规则要统一、利益要均衡。要更好发挥政府作用：关键是要搞好服务；要继续建立健全资本市场体系等相关市场建设；要退出土地市场等相关市场；要监督市场，对坑蒙拐骗等扰乱市场秩序行为要予以监督；要调节市场，解决失业、贫富差距、周期性经济危机等市场没有办法解决的问题。

所以，我国要推进新常态下的经济发展，关键是处理好稳增长、调结构、促改革三者之间的关系。这就要处理好生产力与生产关系的相互关系。只有这样，才能推进经济全面协调可持续发展。

第五章　马克思的经济危机理论

马克思的经济危机理论是马克思主义理论的重要组成部分。虽然马克思没有论述经济危机的专著，但他关于经济危机理论的论述是全面而深刻的。学习该理论，对于我们理解经济危机的本质、机制、表现形式及其应对方式，具有重要作用。

第一节　马克思经济危机理论的思想来源

马克思经济危机理论是在批判地继承英法政治经济学基础上建立起来的。

一、萨伊定律

萨伊指出生产中存在资本、土地和劳动三个要素，这三个要素共同创造出商品的效用，这种效用是商品价值的基础。由于这三个要素在生产中共同发挥作用，不同要素所有者就取得相应的报酬，资本要素所有者获得利息；土地所有者获得地租，劳动所有者获得工资。在此基础上，萨伊指出，货币只是一种交换媒介，产品最后总是要用产品购买的。“在以产品换钱、钱换产品的两道交换过程中，货币只一瞬间起作用。当交易最后结束时，我们将发觉交易总是以一种货物交换另一种货物。”①

萨伊指出，“值得注意的是，一种产物一经产出，从那时刻起就给价值与它相等的其他产品开辟了销路。一般地说，生产者在完成他的产品的最后一道加工后，总是急于把产品卖出。因为他害怕产品在自己手中会丧失价值。此外他同样急于把出卖产品所得的货币花去，因为货币的价值也易于毁灭。但想要摆脱手中的货币，唯一可用的方法就是拿它买东西。所以，单单一种产品的生产，就给其他产品开辟了销路。”②

如何看待生产过剩？萨伊指出：“还值得注意的是，在一种货物亏本的同时，必有别的货物赚到过度的利润。由于过度利润一定会刺激有关货物的生产，因此，除非存在某些激烈手段，除非发生某些特殊事件，如政治变动或自然灾害等，或除非政府当局愚昧无知或贪婪无厌，否则一种产品供给不足而另一种产品充斥过剩的现象，绝不会永久继续存在。这些政治毛病一经消除，生产手段自然会感受上述刺激流向空虚的方面去。这些空虚一经填补，其他方面的活动就恢复正常。如果对生产不加干涉，一种生产很少会超过其他生产，一种产品也很少会便宜到与其他产品价格不相称的程度。③

可见，萨伊提出了“供给决定需求”的基本原理。任何产品的生产都可以最终找到销路。生产过剩是由于政治毛病引起的，只要这些政治毛病消除，就不可能长期存在生产过剩。因此，萨伊否定了资本主义社会存在经济危机的可能性。

马克思对萨伊定律进行了深刻的批判。他指出：“在这里，经济学辩护论者的方法有两个特征。第一，简单地抽去商品流通和直接的产品交换之间的区别，把两者等同起来。第二，企图把资本主义生产当事人

① 萨伊：《政治经济学概论》，商务印书馆 1963 年版，第 154 页。
② 萨伊：《政治经济学概论》，商务印书馆 1963 年版，第 154–155 页。
③ 萨伊：《政治经济学概论》，商务印书馆 1963 年版，第 155–156 页。

之间的关系，归结为商品流通所产生的简单关系，从而否认资本主义生产过程的矛盾。但商品生产和商品流通是极不相同的生产方式都具有的现象，尽管它们在范围和作用方面各不相同。因此，只知道这些生产方式所共有的、抽象的商品流通的范畴，还是根本不能了解这些生产方式的本质区别，也不能对这些生产方式作出判断。任何一门科学都不像政治经济学那样，流行着拿浅显的普通道理来大肆吹嘘的风气。例如，让·巴·萨伊由于知道商品是产品，就断然否定危机。"①

二、李嘉图的生产过剩理论

李嘉图在《政治经济学及赋税原理》第二十一章谈到积累对利润和利息的影响时，指出："萨伊先生曾经令人十分满意地证明，需求仅受生产所限，因此国家总是运用其全部资本投入生产。人们进行生产的目的就是消费或者销售。人们销售的目的就是购买某种其他商品，这些商品可能对他直接有用处或者有助于未来生产。所以，一个人从事生产时，要么成为自己所生产的产品的消费者，要么是其他人所生产的产品的购买者和消费者。我们不能认为他会长期不知道生产什么样的产品对他最为有利以达到自己的目的，也就是占有其他商品的目的。因此，他不可能持续生产没有需求的商品。"②

李嘉图指出，需求是无限的。他引用斯密的话指出："穷人为获取食品努力工作满足富人的这些愿望，为更有把握地得到食品，他们以出卖低廉而完美的劳动相互竞争。随着食物数量的增加或者土地耕种的不断改良，工作的人数也在不断增加。由于工作性质容许最大限度的劳动细分，他们能够加工的原料数量增加的比例大大超过劳动人数增加的比

① 《马克思恩格斯文集》第5卷，人民出版社2009年版，第136页。
② 李嘉图：《政治经济学及赋税原理》，华夏出版社2005年版，第205-206页。

例。因此，人类发明用于房屋、服装、车马和家具的各种材料，无论是实用性的还是装饰性的，便都有了需求。地下所藏的化石和矿产、贵金属和宝石也都有了需求。”① “因此，从以上观点可以推断出，需求是无限制的——只要资本能产生利润，资本的运用也是无限制的。”②

可见，李嘉图认为需求是无限的，因此生产过剩的危机是不可能的。对此，马克思进行了深刻分析：

（1）马克思指出，李嘉图的论证撇开了资本主义生产的基础。他指出：“任何时候都不应该忘记，在实行资本主义生产的条件下，问题并不直接在于使用价值，而在于交换价值，特别在于增加剩余价值。这是资本主义生产的动机。为了通过论证来否定资本主义生产的矛盾，就撇开资本主义生产的基础，把这种生产说成是以生产者的直接消费为目的的生产，这倒是一种绝妙的见解。”③

（2）马克思指出流通过程必然导致危机发生。“因为资本流通过程不是一天就完了，而是要经历一个相当长的时期资本才能返回自身，因为这个时期同市场价格平均化为费用价格的时期是一致的；因为在这个时期内市场上发生重大的变革和变化；因为劳动生产率发生重大的变动，因而商品的实际价值也发生重大的变动，所以，很明显，从起点——作为前提的资本——到它经过一个这样的时期返回自身，必然会发生一些大灾难，危机的各种要素必然会积累和发展起来，这些绝不是用产品同产品交换这样一句毫无价值的空话就排除得了的。”④

（3）资本过多不等于生产过剩。马克思指出：“按照这些经济学家的看法，资本=货币或者商品。因而，资本的生产过剩就=货币或商品

① 李嘉图：《政治经济学及赋税原理》，华夏出版社2005年版，第209-210页。

② 李嘉图：《政治经济学及赋税原理》，华夏出版社2005年版，第210页。

③ 马克思：《剩余价值理论》，《马克思恩格斯全集》第34卷，人民出版社2008年版，第562页。

④ 同③。

的生产过剩。可是，据说这两种现象彼此毫无共同之点。”①

（4）马克思指出：“李嘉图自己对于危机，对于普遍的、由生产过程本身引起的世界市场危机，确实一无所知。对于1800—1815年的危机，他可以用歉收引起谷物涨价，用纸币贬值、殖民地商品跌价等来解释，因为，大陆封锁使市场由于政治原因而不是经济原因被强制缩小。对于1815年以后的危机，他也可以解释为部分地由于荒年造成谷物缺乏，部分地是由于谷物价格下降，——因为，根据李嘉图自己的理论，在战争以及英国被切断同大陆联系的时候必然引起谷物价格上涨的那些原因不再起作用，——部分地是由于从战争到和平的转变以及由此产生的‘商业途径的突然变化’。”②

三、西斯蒙第的需求不足论

西斯蒙第指出，资本主义社会生产和消费之间存在矛盾。“为了不使工作停顿，为了不发生普遍的灾难，必须由那个唯一的、集中以前分配给一百个家庭的收入的富豪家庭来补偿那九十九户所无力办到的全部消费。毫无疑问，这个家庭有许多仆人帮助消费土地的收入，但是，他们的生活资料对本国农业不会发生很大的刺激作用，甚至还不如对较远地区的刺激作用大……资本增加的结果，一般都是使劳动集中在大工厂里，而大量财富的结果却几乎完全排斥这些大工厂的产品和富人的消费。”③ 西斯蒙第分析了生产和消费之间产生矛盾的原因，“由此可见，由于财产集中到少数私有者手中，国内市场就必定要日益缩小，工业就

---

① 马克思：《剩余价值理论》，《马克思恩格斯全集》第34卷，人民出版社2008年版，第566页。

② 马克思：《剩余价值理论》，《马克思恩格斯全集》第34卷，人民出版社2008年版，第564-565页。

③ 西斯蒙第：《政治经济学新原理》，商务印书馆1964年版，第217页。

必定日益需要寻求国外市场，因而该国的工业就要受到更加巨大的波动的威胁。”①

正是由于生产超过消费，所以才会发生经济危机。“我认为，这期间先后发生的商业波动，都是在生产上往往不以需要为转移，而是以拥有大量资本为转移的富有的国家里，这就更证明了这种学说的正确性，即一旦生产猛然超过消费，就会引起严重的贫困。”② 西斯蒙第分析了1825年的英国经济危机，指出“商业危机达到了空前的严重。工厂没有订货，没有销路，工人没有足够的工资，无数工人完全失业；生产方面的巨大资本都用于生产过剩的产品，而这些产品完全堆积在仓库里，这是当时的恐慌和贫困、生产和消费增长的不平衡日益严重的标志。”③

马克思对西斯蒙第的进步之处予以肯定，指出他“中肯地批判了资产阶级生产的矛盾”。④ 马克思指出：“西斯蒙第深刻地感觉到，资本主义生产是自相矛盾的；一方面，它的形式——它的生产关系——促使生产力和财富不受拘束地发展；另一方面，这种关系又受到一定条件的限制，生产力越发展，这种关系在使用价值和交换价值、商品和货币、买和卖、生产和消费、资本和雇佣劳动等之间的矛盾就越扩大。他特别感觉到了这样一个基本矛盾：一方面是生产力的无限制的发展和财富的无限制的增加——同时财富由商品构成并且必须转化为货币；另一方面，作为基础的是生产者群众被局限在必需品（消费）上。因此，在西斯蒙第看来，危机并不像李嘉图所认为的那样是偶然的，而是内在矛盾的大规模的定期的根本爆发。”⑤

---

① 西斯蒙第：《政治经济学新原理》，商务印书馆1964年版，第217-218页。

② 西斯蒙第：《政治经济学新原理》，商务印书馆1964年版，第221页。

③ 西斯蒙第：《政治经济学新原理》，商务印书馆1964年版，第223页。

④ 马克思：《剩余价值理论》，《马克思恩格斯全集》第35卷，人民出版社2008年版，第57页。

⑤ 马克思：《剩余价值理论》，《马克思恩格斯全集》第35卷，人民出版社2008年版，第56-57页。

马克思也指出了西斯蒙第的不足之处，指出他“不理解这些矛盾，因此也不理解解决这些矛盾的过程。”① 马克思指出，这种不理解表现为“他经常迟疑不决的：国家应该束缚生产力，使之适应生产关系呢，还是应该束缚生产关系，使之适应生产力？在这方面，他常常求救于过去；他成为‘过去时代的赞颂者’，或者也企图通过别的调节收入和资本、分配和生产之间的关系的办法来缓和矛盾，而不理解分配关系只不过是从另一个角度来看的生产关系。”②

四、马尔萨斯的消费不足论

马尔萨斯指出：“一些学者认为人类的需要无论什么时候都会和他们的能力相称，并把这作为一条定理，但是这种见解并不总是正确的，即使在财产来得甚易的情况下也是如此；就大多数资本家来说，这种说法更是和经验完全相反。几乎所有商人和工厂主，在繁荣的时期，为了保持产品的价值，迅速地节约储蓄，其速度远比国民资本的增加为快。但是，把他们作为一个整体平均来说，如果这种情况是真的话，那么，十分明显，他们的实际习惯既是这样，他们就不能通过交换各自的产品，来相互提供足够的市场。”③ 马尔萨斯认为，要解决这个生产和消费的矛盾，“必须有一个相当大的阶级，他们愿意也能够消费掉比他们所生产的数量更多的物质财富，否则商人阶级就不能继续有利地生产多于他们所消费的数量。在这个阶级中，地主无疑地居于显著的地位。”④

马克思指出，马尔萨斯关于危机的理论是“用多么巧妙的办法剽

① 马克思：《剩余价值理论》，《马克思恩格斯全集》第35卷，人民出版社2008年版，第57页。

② 同①。

③ 马尔萨斯：《政治经济学原理》，商务印书馆1962年版，第327–328页。

④ 马尔萨斯：《政治经济学原理》，商务印书馆1962年版，第328页。

窃了西斯蒙第的观点”①，“马尔萨斯关心的不是要掩盖资产阶级生产的矛盾，相反，他关心的是要突出这些矛盾，以便一方面证明工人阶级的贫困是必要的（它对这种生产方式来说，确实是必要的），另一方面向资本家证明，为了给他们创造足够的需求，养活脑满肠肥的僧侣和官吏是必不可少的。”②

因此，综观前人关于经济危机的观点，要么如萨伊和李嘉图那样否定经济危机的存在，要么如西斯蒙第和马尔萨斯承认危机是存在的，但是，他们对经济危机的根源、产生原因和表现形式的解释值得商榷。马克思的经济危机理论正是在批判地继承这些经济学家经济危机的观点基础上建立起来的。

第二节　马克思经济危机理论的主要内容

马克思关于经济危机的理论内容可以概括如下：

一、经济危机的根源

马克思认为，资本主义社会必然爆发经济危机，其根源在于资本主义社会基本矛盾，即生产社会化和生产资料私人占有之间的矛盾。生产的社会化导致生产力的快速发展，但是，生产出来的成果却只是归少数人所有，正是这种矛盾成为经济危机发生的根源。马克思指出：“分配形

① 马克思：《剩余价值理论》，《马克思恩格斯全集》第35卷，人民出版社2008年版，第57页。

② 马克思：《剩余价值理论》，《马克思恩格斯全集》第35卷，人民出版社2008年版，第58页。

式只不过是从另一个角度看的生产形式。构成资产阶级分配的界限的特征——也就是特殊的局限性——作为控制生产和支配生产的规定性加入生产本身。但是，资产阶级的生产，由于它本身的内在规律，一方面不得不这样发展生产力，就好像它不是在一个有限的社会基础上的生产，另一方面它又毕竟只能在这种局限性的范围内发展生产力，——这种情况是危机的最深刻、最隐秘的原因，是在危机中爆发的种种矛盾的最深刻、最隐秘的原因，资产阶级的生产就是在这些矛盾中运动，这些矛盾，即使粗略地看，也表明资产阶级生产只是历史的过渡形式。”①

二、经济危机爆发的机理

马克思考察了经济危机爆发的机理。具体来说，该机理可以概括如下：

1. 经济危机爆发的可能性

马克思是从流通过程开始考察经济危机的。当产品交换转变为商品和货币交换时，买卖分离。“流通所以能够打破产品交换的时间、空间和个人的限制，正是因为它把这里存在的换出自己的劳动产品和换进别人的劳动产品这两者之间的直接的同一性，分裂成卖和买这两者之间的对立。”② 当买卖分离时，就蕴含着危机的可能性，这是因为“当内部不独立（因为互相补充）的过程的外部独立化达到一定程度时，统一就要强制地通过危机显示出来。”③ 当然，这里买卖分离只是蕴含着危机的可能性，要从可能性变为现实，必须要有整整一系列的关系，这些关系在简单商品流通条件下是不具备的。所以，简单商品流通只是为经

① 马克思：《剩余价值理论》，《马克思恩格斯全集》第35卷，人民出版社2008年版，第88页。

② 《马克思恩格斯文集》第5卷，人民出版社2009年版，第135页。

③ 同②。

济危机提供了可能性。

2. 经济危机爆发的前提条件

经济危机是资本主义社会才会出现的经济现象。因此，要爆发经济危机，必然要求产生劳资关系。有了劳资关系，资本家为追逐剩余价值最大化而不断扩大生产，这为经济危机的产生提供了前提条件。

劳资关系产生后，资本主义生产的目的是追逐剩余价值最大化。为追逐剩余价值，资本家就必须不断扩大资本积累。资本积累就是剩余价值转化为资本的过程。资本积累的实质是资本家不断利用无偿占有工人劳动创造的剩余价值来继续无偿占有更多的剩余价值，以增加资本，扩大生产规模。资本积累具有必然性。竞争的外在压力和资本家追求剩余价值的内在动力促使资本家不断进行资本积累。因此，随着资本积累的进行，资本主义生产规模不断扩大，这就容易导致生产过剩，从而引发经济危机。

3. 资本主义经济危机的表现形式

资本主义经济危机是通过流通表现出来的，这是因为剩余价值生产出来的产品要经过流通才能实现，危机恰恰表明流通没有办法顺利进行。这表现在两个层面：从微观层面而言，企业生产的产品无法顺利销售，资本循环无法正常进行。从宏观层面而言，出现大规模的生产过剩，社会再生产无法顺利进行，国民经济无法按比例协调进行。

4. 固定资本周转为周期性经济危机提供物质基础

根据价值周转方式的不同，产业资本分为固定资本和流动资本。不同部门的固定资本周转时间是不同的。有的部门会长些，有的部门会短些。同时，技术变革也会使固定资本周转时间发生变化。“可以认为，大工业中最有决定意义的部门的这个生命周期现在平均为 10 年。”①这

① 《马克思恩格斯文集》第 6 卷，人民出版社 2009 年版，第 207 页。

里的问题不在于时间的长短，而是由于固定资本周转为周期性经济危机提供了物质基础。“在周期性的危机中，营业要依次通过松弛、中等活跃、急剧上升和危机这几个时期。虽然资本投入的那段期间是极不相同和极不一致的，但危机总是大规模新投资的起点。因此，就整个社会考察，危机又或多或少地是下一个周转周期的新的物质基础。”①

5. 资本主义生产与分配的矛盾是导致危机的重要原因

经济危机表现为供求不平衡。所谓需求，也就是，调节社会需要的东西，本质上是由不同阶级的相互关系和它们各自的经济地位决定的，因而也就是，第一是由剩余价值和工资的比率决定的，第二是由剩余价值所分成的不同部分（利润、利息、地租、赋税等）的比率决定的。在资本主义社会，生产和分配之间存在着深刻的矛盾。“进行直接剥削的条件和实现这种剥削的条件，不是一回事。两者不仅在时间和地点上是分开的，而且在概念上也是分开的。前者只受社会生产力的限制，后者受不同生产部门的比例关系和社会消费力的限制。但是社会消费力既不是取决于绝对的生产力，也不是取决于绝对的消费力，而是取决于以对抗性的分配关系为基础的消费力；这种分配关系，使社会上大多数人的消费缩小到只能在相当狭小的界限以内变动的最低限度。另外，这个消费力还受到追求积累的欲望，扩大资本和扩大剩余价值生产规模的欲望的限制……因此，市场必须不断扩大，以致市场的联系和调节这种联系的条件，越来越取得一种不以生产者为转移的自然规律的形式，越来越无法控制。”② 因此，生产与分配之间的矛盾是导致危机的重要原因。

6. 利润率趋向下降规律加深了资本主义经济危机

利润率是剩余价值与全部预付资本的比率，它表示全部预付资本的增殖程度。不同部门的利润率是不同的。但是，资本主义生产的目的是

---

① 《马克思恩格斯文集》第6卷，人民出版社2009年版，第207页。

② 《马克思恩格斯文集》第7卷，人民出版社2009年版，第272-273页。

追求更多的利润，资本家都愿意向利润率高的部门投资，因此，各部门资本家之间为取得更有利的投资场所必然展开激烈的竞争。这种部门之间相互竞争的结果导致各个部门的利润率趋向平均，从而形成平均利润率。平均利润率等于剩余价值总额与社会总资本的比率。

资本主义社会利润率趋向下降。这是因为资本主义社会为获得尽可能高的利润率，必然要追求技术进步，技术进步导致资本有机构成提高，而资本有机构成提高就导致利润率趋向下降。为延缓利润率下降，资本主义只能靠现有资本的周期性贬值来延缓利润率的下降。“现有资本的周期贬值，这个为资本主义生产方式所固有的、阻碍利润率下降并通过新资本的形成来加速资本价值的积累的手段，会扰乱资本流通过程和再生产过程借以进行的现有关系，从而引起生产过程的突然停滞和危机。”①

7. 信用制度是产生资本主义经济危机的主要杠杆

信用是指借贷行为，是以偿还为条件的价值的特殊运动。资本主义信用制度的发展有二重性：一方面它有积极作用。它促进了利润率平均化，减少了流通费用，促进股份公司的发展，为经济迅速发展筹集大量资本，促进资本集中和经济全球化，从而推动了社会生产力的发展。“信用制度加速了生产力的物质上的发展和世界市场的形成；使这两者作为新生产形式的物质基础发展到一定的高度，是资本主义生产方式的历史使命。”② 另一方面，信用制度的发展有其消极作用。有了信用制度，资本家能够迅速扩大和缩小生产规模，这为危机的爆发和扩大提供了基础。信用制度能够造成流通假象，使人以为商品价值通过流通过程提前实现，这在一定程度上掩盖了生产过剩；信用制度能够分配和再分配货币资本，从而为资本主义盲目扩大再生产创造条件；信用制度能够

---

① 《马克思恩格斯文集》第7卷，人民出版社2009年版，第278页。

② 《马克思恩格斯文集》第7卷，人民出版社2009年版，第500页。

忽略生产过程，将资本主义生产演变为钱挣钱的游戏，从而把资本主义生产的动力“发展成为最纯粹最巨大的赌博欺诈制度”①。因此，信用制度是生产过剩和商业过度投机的主要杠杆。

三、资本主义经济危机的影响

1. 对工人阶级的影响

工人是资本主义经济危机的最大受害者。资产阶级为减少自身损失，总是想方设法地把损失转嫁到工人阶级头上，使工人阶级更加贫困。这表现在，第一，危机使工人大量失业。相对过剩人口是资本主义生产方式存在和发展的条件。在经济危机时期，失业人口大量增加。“工业周期阶段的更替使相对过剩人口具有显著的、周期反复的形式，因此，相对过剩人口时而在危机时期急剧地表现出来，时而在营业呆滞时期缓慢地表现出来。”② 第二，危机使工人工资下降。危机时，资本家要裁员渡过难关，失业人员越多，则在业工人的工资就越低。“大体来说，工资的一般变动仅仅由同工业周期各个时期的更替相适应的产业后备军的膨胀和收缩来调节。因此，决定工资的一般变动的，不是工人人口绝对数量的变动，而是工人阶级分为现役军和后备军的比例的变动，是过剩人口相对量的增减，是过剩人口时而被吸收、时而又被游离的程度。”③ 随着工资的下降，劳资双方的收入分配差距更加扩大，工人阶级不仅陷入相对贫困，更多的工人陷入绝对贫困的境地。

2. 资本主义经济危机导致大量资本过剩

经济危机不仅会产生大量失业人口，也会导致大量资本过剩。所谓资本过剩，有两种情况：一种是一部分资本全部或部分闲置下来，因为

---

① 《马克思恩格斯文集》第7卷，人民出版社2009年版，第500页。
② 《马克思恩格斯文集》第5卷，人民出版社2009年版，第738页。
③ 《马克思恩格斯文集》第5卷，人民出版社2009年版，第734页。

它要获得剩余价值就要把已经执行职能的资本从原有地盘上排挤出去；另一部分资本由于受到其他资本的压迫只能以较低的利润率来增殖。在经济危机条件下，大量资本出现过剩，主要受害的并且受害最严重的，是借贷资本。这是因为，经济危机条件下，价格会普遍下降，这会导致再生产过程陷入停滞和混乱。这种停滞和混乱，“会使货币的那种随着资本的发展而同时出现的并以这些预定的价格关系为基础的支付手段发挥不了作用，会在许许多多点上破坏按一定期限支付债务的锁链，而在随着资本而同时发展起来的信用制度由此崩溃时，会更加严重起来，由此引起强烈的严重危机，突然的强制贬值，以及再生产过程的实际的停滞和混乱，从而引起再生产的实际的缩小。”①

3. 经济危机具有传染性

经济危机不仅仅局限在一国内部发生，而且可以在世界各国同时发生。马克思以英国和印度之间的棉纱交易为例，借助信用制度，英国生产的棉纱在印度可能赊卖出去，以此在印度赊购商品，作为回头货运回英国，或把一张金额相当的汇票汇回英国。马克思指出：“只要这种状态延续下去，就会对印度的货币市场造成一种压力，而对英国的反作用可能在英国引起一场危机。这种危机，即使在它伴随着向印度输出贵金属的情况下，也会在印度引起一次新的危机，因为曾经从印度的银行取得贷款的英国商行和它们的印度分行会陷于破产。因此，出现贸易逆差的市场和出现贸易顺差的市场会同时发生危机。”②

4. 资本主义危机只能暂时缓解矛盾

资本主义经济危机是资本主义社会矛盾的集中爆发，它破坏了社会生产力，导致资本过剩、失业增加。但同时，资本主义经济危机又反过来成为缓解冲突的力量。通过危机，牺牲现有的已经生产出来的生产

---

① 《马克思恩格斯文集》第 7 卷，人民出版社 2009 年版，第 283 页。

② 《马克思恩格斯文集》第 6 卷，人民出版社 2009 年版，第 352 页。

力，才能够为新的生产力发展创造出空间，但是，危机只是现有矛盾的暂时的暴力的解决，只是使已经破坏的平衡得到瞬间恢复。

5. 经济危机的规模会不断变大，最终导致资本主义灭亡

资本主义经济危机是周期性发生的，资本主义生产总是想力图克服经济危机，马克思指出，“但是它用来克服这些限制的手段，只是使这些限制以更大的规模重新出现在它面前”。[①] 随着资本主义经济不断发展，资本主义制度越来越具有国际的性质，因此，危机也越来越具有全球化的性质。随着经济危机越来越具有全球化的性质，资本主义克服经济危机的手段就越来越少，从而导致资本主义基本矛盾不断深化，最终导致资本主义制度灭亡。

第三节　对马克思经济危机理论的不同见解

围绕马克思的经济危机理论，近年来主要就经济危机的成因及其机理、影响展开了争论。

一、关于经济危机成因的分析

马克思指出经济危机的根源在于资本主义基本矛盾，学者们对此进行了进一步分析和发展。

列宁提出了帝国主义理论来揭示资本主义经济危机。列宁指出，帝国主义有五个特征：生产集中和垄断；出现了金融资本和金融寡头；对外进行资本输出；国际垄断同盟瓜分世界；大国瓜分世界。这五个特征

① 《马克思恩格斯文集》第7卷，人民出版社2009年版，第278页。

中，帝国主义最核心的特征是垄断。垄断是由生产集中产生的，生产集中发展到一定阶段就产生垄断。垄断产生后，危机更加严重。列宁指出："用卡特尔消除危机是拼命为资本主义涂脂抹粉的资产阶级经济学家的无稽之谈。相反，在几个工业部门中形成的垄断，使整个资本主义生产所特有的混乱现象更加厉害，更加严重。"① 之所以垄断导致危机更加严重，则是因为"在帝国主义时代，某些工业部门，某些资产阶级阶层，某些国家，不同程度地时而表现出这种趋势，时而又表现出那种趋势。整个说来，资本主义的发展比以前要快得多，但是这种发展不仅一般地更不平衡了，而且这种不平衡还特别表现在某些资本最雄厚的国家（英国）的腐朽上面。"②

苏联《政治经济学教科书》提出了资本主义总危机理论。该书指出，资本主义总危机的前提随着帝国主义的矛盾增长而逐渐形成。帝国主义列强的冲突演变成世界大战，宗主国无产阶级的阶级斗争和殖民地人民的民族解放斗争相结合，这就削弱了世界资本主义体系，从而造成资本主义总危机。资本主义总危机是整个世界资本主义体系的全面的危机，其特点是战争和革命，是垂死的资本主义和成长的社会主义之间的斗争。资本主义总危机是既包括经济、也包括政治的全面危机。资本主义总危机的根本特点是资本主义和社会主义这两大体系的斗争，是帝国主义殖民体系的危机，是市场问题的尖锐化以及以此产生的企业经常开工不足和工人经常的大批失业。资本主义总危机是分阶段的，第一阶段开始于第一次世界大战，特别是在苏联脱离资本主义体系后展开的。第二阶段开始于第二次世界大战时期，特别是在欧亚各国脱离资本主义体系之后。

在马克思主义经济学者分析经济危机成因的同时，以凯恩斯为代表

① 列宁：《帝国主义是资本主义的最高阶段》，《列宁选集》第二卷，人民出版社2012年版，第595页。

② 列宁：《帝国主义是资本主义的最高阶段》，《列宁选集》第二卷，人民出版社2012年版，第685页。

的西方经济学者也对经济危机成因进行分析。凯恩斯以有效需求不足论揭示经济危机的成因。凯恩斯指出，资本主义经济通常是在远未达到充分就业状态的情况下运行的。同需求相比，经济的供给能力是无限大的，价格不会因生产规模的变化而变化。因此，均衡产出、进而就业是由有效需求决定的。有效需求不足导致资本主义经济危机的发生。

二、关于经济危机运行机理的不同见解

美国学者奥康纳从财政运行角度分析经济危机运行机理。他指出，在资本主义发展中，国家要履行两个基本但经常是矛盾化的职能，即积累和合法化的职能。相应地，国家支出也有“社会资本”和“社会支出”两重性。社会资本是指对有利可图的私人积累所必需的支出。社会支出是国家为维持社会和谐、完成国家合法化职能所必需的支出，如社会福利支出。在当代资本主义国家，社会资本和社会支出的积累是一个矛盾运动的过程，这一矛盾运动容易产生经济、社会和政治危机的趋势。

激进政治经济学者谢尔曼分析了以“滞涨”为特征的经济危机。他认为，滞涨由三个因素构成：一是通货膨胀使垄断价格暴涨。由于垄断资本家控制物价，导致垄断利润率比较稳定，而小企业承受着萧条时期利润率下降的重担，因此，通过垄断引起生产的较大下降和失业，但是却通过供给的严格限制而提高价格。因此，垄断资本的价格行为是引起滞涨的首要因素。二是国家干预不当加剧了滞涨。由于政府常常选择以失业为代价来降低通货膨胀，但在垄断资本主义条件下，政府的调控不能降低价格，反而带来更多的失业。这是导致滞涨的重要因素。三是在国际资本主义体系中，随着西欧和日本经济力量的增长，美国经济力量在世界资本主义体系中受到削弱，这就进一步加剧了滞涨危机。

西方学者也对经济危机的运行机理进行研究。瑞典学派从利率的变动来研究经济周期。瑞典学派将利率分为自然利息率和货币利息率。自然利息率是假定一切借贷都不使用货币，而以实物资本进行时，由实物资本的供求关系决定的利率。它实际上是投资的预期利润率。货币利息率是指银行借贷活动中用货币支付的利率。由于决定货币利息率和自然利息率的因素不同，因此货币利息率会高于或低于市场利息率，这就导致产量和价格发生变动，从而引发经济危机。

三、关于经济危机影响的分析

斯大林分析了资本主义经济总危机的影响。世界经济危机最重要的一个结果，就是世界资本主义所具有的各种矛盾的暴露和尖锐化。第一，各主要帝国主义国家之间的矛盾，争夺销售市场的斗争、争夺原料的斗争、争夺资本输出的斗争正在暴露并尖锐化。第二，战胜国和战败国之间的矛盾正在暴露并将尖锐化。第三，帝国主义国家同殖民地和附属国之间的矛盾正在暴露并尖锐化。经济危机的日益增长不能不使帝国主义者加紧压迫作为主要销售市场和原料产地的殖民地和附属国。他指出，这种压迫已经达到极点。第四，资本主义国家资产阶级和无产阶级之间的矛盾已经暴露并尖锐化。危机已经使资本家对工人阶级的压迫变本加厉。危机已经激起了资本主义合理化的新浪潮，使工人阶级的状况更加恶化，使失业人数增多，使失业常备军扩大，使工资降低。这些情况当然使形势革命化，使阶级斗争尖锐化，并推动工人去进行新的阶级战斗。斯大林指出，资本主义总危机说明资本主义的稳定就要终结，群众革命运动的高潮将更加猛烈地增长起来。在许多国家经济危机必定转变为政治危机。无产阶级在反对资本主义剥削、制止战争危险时，将从革命中寻找出路。

西方学者在谈到危机影响时，更多地是从危机对于经济增长、物价、就业和国际收支的影响这四个方面展开的。在分析影响后，更多地强调要借助政府这只看得见的手来缓解危机，通过财政政策和货币政策的配合走出经济困境。

总的来说，马克思以后的学者对于经济危机的产生原因、运行机理和影响进行了新的探索。这种探索，是对马克思经济危机学说的进一步发展，是在继承马克思经济危机理论基本要点基础上的发展。首先，就经济危机成因而言，马克思将经济危机归结为资本主义基本矛盾，这是对经济危机成因最深刻的分析，其他学者对于经济危机成因的分析，归根结底都可以归结到基本矛盾上来。就运行机理而言，马克思从剩余价值生产、流通、分配三个层面对危机运行机理进行深刻分析，后来学者对于经济危机运行机理的分析则更侧重于从这三个层面的的某个层面出发对危机进行分析，这种分析对于人们进一步理解经济危机，是有益的。就经济危机影响而言，后来学者对危机的影响更侧重于从时代条件出发强调经济危机的影响，同时，在如何解决危机时，不同学派从不同立场出发，提出的解决方案是不同的。马克思主义经济学者更强调革命，西方经济学者则强调更多地利用政府的宏观调控来解决危机。

第四节　马克思经济危机理论的现实意义

2007 年美国爆发次贷危机，随后在 2008 年演变为国际金融危机，那么，如何解释这场危机？不同学派给出的解释是不同的，下面，我们试图从马克思主义政治经济学的角度对这场危机进行分析：

一、国际金融危机爆发过程

从2001年到2006年，美国的房地产市场持续繁荣。这一方面是因为当时美国经济持续增长，导致人们收入水平不断增加，从而拉高了住房需求，另一方面是从2001年至2004年起美联储连续不断降低利息，低利率使人们可以通过很低的成本进行融资，投入到房地产市场中去。因此，从2001年到2006年，美国房产价格就不断上升。在房地产市场看好的前景下，次级抵押贷款规模不断增大。但是，从2004年到2006年，为控制通胀，维护汇率的稳定，美联储连续17次加息，利率由1%提高到5.25%，加息导致次级贷款不良率大幅攀升，次级抵押贷款金融机构出现破产。2007年4月2日，美国第二大次级抵押贷款机构新世纪金融公司向法院申请破产保护，次贷危机爆发。随后，不断有金融机构破产。2008年7月13日，美国财政部和联邦储备委员会宣布救助两大住房抵押贷款融资机构房利美和房地美，提高“两房”信用额度，并承诺必要情况下购入两公司股份。2008年9月7日，美国联邦政府宣布接管房利美和房地美，以避免更大范围金融危机发生。房利美和房地美是次级抵押债券的主要发行者，他们被政府接管，意味着次贷危机结束了。但是，这个结束是以次贷市场的彻底崩溃而结束的，所以，次贷危机才演变为国际金融危机。

国际金融危机起源于2008年5月美国第五大投资银行贝尔斯登被摩根大通银行收购，正式爆发于2008年9月中旬发生的四大投资银行破产、被收购和转型。2008年9月15日，美国第四大投资银行雷曼兄弟申请破产保护，同一天，美国第三大投资银行美林证券公司被美国银行收购。9月21日，美联储批准最后幸存的两大投资银行高盛和摩根士丹利转型为银行控股公司的请求。因此，到9月21日，美国五大投资银行有一家破产，两家被银行收购，另外两家申请转型为银行控股公司。五大投资银行在国际上具有广泛的影响力，五大投行破产转型被收购标志着次贷危机正式转化为国际金融危机。

五大投行的剧烈转型在国际上引发连锁反应。2008 年 10 月，冰岛三大银行因购买次贷产品巨亏被国家接管，冰岛陷入破产边缘。2009 年初，因外资撤离，东欧国家出现偿付和外汇危机。2009 年 10 月，希腊宣布当年赤字占 GDP 比例将超 12%，主权债务危机率先在希腊爆发。2010 年 11 月，爱尔兰正式请求欧盟和 IMF 提供帮助，欧洲债务危机掀起第二波高潮。

国际金融危机导致实体经济受到严重冲击。美国居民消费水平下降，投资减速，房地产业、汽车等行业深受影响，2009 年美国 GDP 增长率为-2.4%，失业率达到 10%。2009 年全球经济增长率为-2.2%。

二、对国际金融危机成因的分析

那么，如何解释这次国际金融危机？有学者认为这次国际金融危机与格林斯潘在任时推行的宽松货币政策有关。降息本身没有刺激经济，反而使美国人开始更多地贷款买房和负债消费。同时，低利率促进美国房地产市场的繁荣，美国民众对于自身不断增长的债务负担一直不以为意，从而引发金融危机。这是从货币政策的角度来解释危机。还有的学者认为金融危机的根源在于全球失衡。全球经济失衡的最关键原因是全球储蓄失衡，全球储蓄规模过剩的根源在于产油国和新兴市场经济体的储蓄率较高，这部分地区的资金近年持续流向了美国等低储蓄率的工业化国家。这实际上还是从金融的角度来解释金融危机。

从马克思危机理论来看，这场危机背后反映的是实体经济的危机。金融只是导致危机的主要杠杆。其根源在于美国存在生产过剩。这种生产过剩表现为美国经济创新的动力不足，产业升级换代面临严峻挑战。以汽车为代表的传统产业面临来自国外的严峻竞争；IT 产业作为美国产业发展的火车头，其对经济发展的带动作用正在逐步减弱。于是，美国产业发展出现两种显著现象：一是产业空心化现象加剧。为降低成本，提高收益，美国传统产业不断向发展中国家转移，导致产业空心化现象不断加剧。二是企业的赢利能力越来越依赖于兼并、收购、重组、证券化等资本运作。资本运作虽然从表面上提高了美国企业的账面利润，但这种提高不是以企业核心竞争力的提高为基础的。一旦市场环境发生变化，整个经济机体就发生严重的系统性风险。

因此，要理解金融危机，还是要从生产领域找原因，当前金融危机的背后仍然是生产过剩。这种生产过剩表现为由于实体经济竞争能力的弱化导致美国自身所生产产品难以销售，进而导致美国实体经济市场大量被其他发达国家和发展中国家所占领，从而引发金融危机。由于当今世界货币体系是以美元为主导，因此，在美国发生的实体经济危机就通过美元的传导演变为国际金融危机。

第六章　马克思的流通理论

政治经济学研究生产、流通、分配和消费的辩证关系。流通是这四个环节中的重要一环，其理论涵盖《资本论》第一、第二、第三卷。研究马克思的流通理论，对于深化理解市场在资源配置中所起的决定性作用，具有重要意义。

第一节　马克思流通理论的思想来源

马克思的流通理论，是在批判地继承古典政治经济学流通理论基础上形成的。

一、亚当·斯密的分工和贸易理论

1. 斯密关于分工与贸易的理论

斯密在《国富论》一开篇就高度赞扬分工的作用，他指出："劳动生产力最大的改进，以及劳动在任何地方运作或应用中所体现的技能、熟练和判断的大部分，似乎都是劳动分工的结果。"①

① 斯密：《国富论》（上），陕西人民出版社2001年版，第7-8页。

劳动分工起因于人性中进行交换的倾向。斯密指出："劳动分工提供了那么多的好处，它最初却并不是由于任何人类的智慧，预见到并想要得到分工所能带来的普遍富裕。它是人性中某种倾向的必然结果，虽然是非常缓慢的和逐渐的结果，这是一种互通有无、进行物物交换、彼此交易的倾向，它不考虑什么广泛的功利。"① 这种交换倾向受到自利心的鼓励，并导致劳动分工。分工导致不同职业的人们之间才能上形成差异。这种差异通过交换，变成了一种共同的财富，通过交换，每个人都可以购买到他所需要的其他人生产的产品的一部分。

交换能力引起劳动分工，而分工的范围必然总是受到交换能力的限制，即受到市场范围的限制。当市场很小时，没有人能得到任何的鼓励，去专门从事一种职业，这是因为，他没有能力去把他自己劳动产品超过自己消费的剩余部分，去交换他所需要的其他人劳动产品的剩余部分产品。因此，有些种类的职业，即使是最低级的一种，只能在大城市进行。随着分工的发展，交换范围不断扩大，最终导致货币的产生。

2. 斯密关于国际分工与贸易的理论

分工的原理不仅适用于一国内部，而且也适用于各国之间。斯密指出，每一个精明的户主的座右铭是：凡是制作起来比购买更费钱的东西，决不要在家里制作。裁缝不自己制鞋，而是向鞋匠买鞋。鞋匠不自己缝衣服，而是雇用裁缝匠。"对每一个私人家庭来说是精明的行为，对一个大国不可能是愚蠢的行为。凡是外国能以比我们自己制造更加低廉的价格供应的商品，最好是用我们自己的按某种优势使用的劳动的一部分产品去购买它。"② 斯密举例指出，在苏格兰能生产非常好的葡萄，其费用约为能从外国购入的同等质量产品的 30 倍。如果禁止从国外进

① 斯密：《国富论》（上），陕西人民出版社 2001 年版，第 17 页。

② 斯密：斯密：《国富论》（下），陕西人民出版社 2001 年版，第 504 页。

口葡萄酒，而鼓励苏格兰在本地生产，这等于是用比国外贵 30 倍的资本和劳动进行制造，这是荒谬的。

可见，如果两个国家不同产品的劳动生产率不同，那么，两个国家分别从事劳动生产率高的产品的生产，然后，双方进行交换，就能够相互获益，进而提高劳动生产率。不同国家之所以在某种产品的劳动生产率不同，则由于不同国家的生产条件不同。因此，斯密用绝对优势理论解释了不同国家进行贸易的依据。

马克思肯定了斯密分工理论的意义。他指出："斯密考察分工的主要功绩在于，他把分工放在首位，强调分工的意义，并且直接把分工看作劳动（即资本）的生产力。斯密对分工的理解是由同现代工厂还有很大差别的当时的工场手工业的发展程度决定的。因此，在斯密看来，分工的作用相对来说要大于还只是劳动的附件的机器的作用。"①

马克思指出，分工是一种特殊的、有专业划分的、进一步发展的协作形式，是提高劳动生产力、在较短的时间内完成同样的工作，从而缩短再生产能力所必需的劳动时间和延长剩余劳动时间的有力手段。分工有两类：第一类是社会劳动分成不同的劳动部门；第二类是在生产某个商品时发生的分工，因而不是社会内部的分工，而是同一个工厂内部的社会分工。与后一种意义上的分工相应的是作为特殊生产方式的工场手工业。马克思指出："亚当·斯密没有区别两种意义上的分工。因此，后一类分工在他看来不是资本主义生产所特有的东西。"② 斯密只是把工场内部的分工，即资本主义的分工，看作并且特别说成是分工在整个

① 马克思：《〈政治经济学批判〉（1861—1863 年手稿）》，《马克思恩格斯全集》第 32 卷，人民出版社 1998 年版，第 312 页。

② 马克思：《〈政治经济学批判〉（1861—1863 年手稿）》，《马克思恩格斯全集》第 32 卷，人民出版社 1998 年版，第 305 页。

社会内部并对整个社会劳动所发生的作用的比较容易理解、比较具体和明显的实例。

马克思指出斯密混淆了两种形式的分工。斯密指出："可是在每一种工艺中，只要能采用劳动分工，劳动生产力就能成比例地增长。各种不同行业和职业的彼此划分，似乎也是由这种好处造成的。"① 马克思指出，斯密混淆了自然分工和社会分工这两种形式的分工。

斯密指出，分工产生的原因在于交换。马克思指出，自然分工发生在交换之前，产品作为商品的这种交换，起初是在各个共同体之间而不是在同一个共同体内部发展起来的。当然，产品发展成为商品，商品交换又会反作用于分工，因此，交换和分工互相发生影响。

二、李嘉图关于分工与贸易的理论

李嘉图认为对外贸易对于国家发展有利。他指出："由于对外贸易可以增加用所得收入所购买的商品的数量和品种，并且大量的廉价商品刺激了储蓄和资本积累，因而对外贸易极大地有益于国家。"②

李嘉图认为两国能够发生贸易的原理在于相对比较优势。他举例指出，葡萄牙既可以生产葡萄酒，也可以生产布匹；英国也是既可以生产葡萄酒，也可以生产布匹。葡萄牙生产葡萄酒一年可能仅需要 80 人的劳动，生产布匹则需要 90 人一年的劳动；英国生产布匹需要 100 人一年的劳动，生产葡萄酒则需要 120 人一年的劳动，这时候，虽然葡萄牙生产布匹的劳动比英国少，但是，出口葡萄酒换钱布匹对于葡萄牙是更为有利的，因为它能用葡萄酒换钱更多的布匹。因此，葡萄牙宁愿把资本投在葡萄酒的生产上以此换取英国生产的布匹，也不愿意挪用种植葡

① 斯密：《国富论》（上），陕西人民出版社 2001 年版，第 9 页。

② 李嘉图：《政治经济学及赋税原理》，华夏出版社 2005 年版，第 94 页。

萄的一部分资本生产布匹。

决定两国相对比较优势的依据在于劳动生产率。李嘉图指出，假设英国发现了一种制葡萄酒的方法，因而在本国制酒比进口酒对它更有利，它必然会将资本从对外贸易转向对内贸易，它将停止生产出口的那部分布匹而自己酿制葡萄酒。这时，英国在一段时间内会继续出口布匹，因为布匹在葡萄牙的售价高于英国，但是用来换取布匹的是货币而非葡萄酒，直到英国的资本增多和外国的资本减少到足以影响两国的布匹的相对价值，并使布匹出口无利可图为止。

马克思首先肯定李嘉图的功绩。他指出，李嘉图认为资产阶级制度的出发点是价值决定于劳动时间这一规定。“李嘉图从这一点出发，迫使科学抛弃原来的陈规旧套，要科学讲清楚：它所阐明和提出的其余范畴——生产关系和交往关系——和形态同这个基础、这个出发点适合或矛盾到什么程度；一般来说，只是反映、再现过程的表现形式的科学（因而这些表现本身），同资产阶级社会的内在联系即现实生理学所依据的，或者说成为它的出发点的那个基础适合到什么程度；一般来说，这个制度的表面运动和它的实际运动之间的矛盾是怎么回事。李嘉图在科学上的巨大历史意义也就在这里。”①

马克思指出，李嘉图理论的出发点是商品的相对价值（或交换价值）决定于“劳动量”。对于这种劳动的性质，李嘉图并没有进一步研究。因此，李嘉图不了解这种劳动同货币的联系，不了解这种劳动必定要表现为货币。所以，他完全不了解商品的交换价值决定于劳动时间和商品必然要发展到货币这两者之间的联系。他的错误的货币理论就是由此而来。同时，马克思指出：“李嘉图的方法是这样的：李嘉图从商品的价值量决定于劳动时间这个规定出发，然后研究其他经

① 马克思：《〈政治经济学批判〉（1861—1863年手稿）》，《马克思恩格斯全集》第34卷，人民出版社2008年版，第183-184页。

济关系是否同这个价值规定相矛盾，或者说，它们在多大的程度上使这个价值规定发生变形。人们一眼就可以看出这种方法的历史合理性，它在经济学史上的科学必然性，同时也可以看出它在科学上的不完备性，这种不完备性不仅表现在叙述的方式上（形式方面），而且导致错误的结论，因为这种方法跳过必要的中间环节，企图直接证明各种经济范畴相互一致。"①

因此，建立在错误的货币理论基础上的分工和贸易理论只不过是错误的原则和有局限性的方法论在形式上的应用。

马克思提出了国际价值论来分析不同国家的贸易问题。他指出："不同国家在同一劳动时间内所生产的同种商品的不同量，有不同的国际价值，从而表现为不同的价格，即表现为按各自的国际价值而不同的货币额。"② 因此，发达国家同一劳动时间所生产的更多商品，可以实现为更多的货币，这就相当于创造更多的价值。因此，马克思把国际贸易建立在其劳动价值论基础上，从而科学地揭示了两个国家的商品交换原理。

第二节　马克思流通理论的主要内容

一、流通含义及其类型

1. 含义

流通本身只是交换的一定要素，或者也是从交换总体上看的交

① 马克思：《〈政治经济学批判〉（1861—1863 年手稿）》，《马克思恩格斯全集》第 34 卷，人民出版社 2008 年版，第 182 页。

② 《马克思恩格斯全集》第 5 卷，人民出版社 2009 年版，第 645 页。

换，是商品占有者的全部相互关系的总和。流通有狭义和广义之分。狭义流通就是指商品交换，广义流通是包括生产过程和狭义流通在内的流通。

2. 类型

流通分为两种类型：一般商品流通和资本流通。一般商品流通包括商品流通和货币流通，资本流通包括单个资本的流通和社会总资本流通。

二、商品流通

马克思指出："每个商品的形态变化系列所形成的循环，同其他商品的循环不可分割地交错在一起。这全部过程就表现为商品流通。"① 用公式表示为 W—G—W（商品—货币—商品）。这里，W 表示商品，G 表示货币，W—G 表示商品卖出，换回货币；G—W 表示商品买进，货币换回商品。

商品流通的第一个阶段是卖。只有卖出去，才能实现商品价值。马克思指出，卖的过程"是商品的惊险的跳跃。"② 商品转化为货币是很难的。因为商品生产有盲目性，不可能精确地估计社会需要。同时，商品能转化为多少货币也是很难确定的。卖的过程之所以困难，根源在于私人劳动的二重性。私人劳动既有私人性，又有社会性。私人劳动只有通过商品出售才能证明其劳动的社会性质。但是，这种出售不是由个人说了算，而是由社会、由市场说了算。正是私人劳动的二重性决定了商品销售的困难。

商品流通的第二个阶段是买。买，就是用货币购买商品。买的前提

① 《马克思恩格斯全集》第 5 卷，人民出版社 2009 年版，第 133-134 页。
② 《马克思恩格斯全集》第 5 卷，人民出版社 2009 年版，第 127 页。

是要有货币。马克思指出，从货币上看不出它究竟怎样落到货币占有者的手中，究竟是由什么东西转化来的。“货币没有臭味，无论它从哪里来。”①

因此，对于一个商品所有者而言，商品流通的两个阶段形态变化是分开的，要先卖后买。每个商品形态变化组成一个循环，这个商品的循环与其他商品循环交错在一起，一种商品的第二种形态变化就是另一种商品的第一种形态变化，这全部过程表现为商品流通。

商品流通在形式上和实质上都不同于直接的产品交换。商品交换打破了直接的产品交换在时间、空间和个人的限制，发展了人类劳动的物质变换；同时，又有一系列不受当事人控制的天然的社会联系发展起来了。因此，与直接的产品交换不同，流通过程在使用价值换位和转手之后并没有结束。货币并不因为它最终从一个商品的形态变化系列中退出来而消失。它不断地沉淀在商品空出来的流通位置上。马克思指出：“流通不断地把货币像汗一样渗出来。”②

买卖分离孕育着危机的可能性。因为“它把这里存在的换出自己的劳动产品和换进别人的劳动产品这两者之间的直接的同一性，分裂成卖和买这两者之间的对立……当内部不独立（因为互相补充）的过程的外部独立化达到一定程度时，统一就要强制地通过危机显示出来。”③但是，简单商品流通下危机仅仅具有可能性。这种可能性要发展成为现实，必须有整整一系列的关系，这些关系在简单商品流通条件下还不具备。

---

①《马克思恩格斯全集》第5卷，人民出版社2009年版，第132页。

②《马克思恩格斯全集》第5卷，人民出版社2009年版，第134页。

③《马克思恩格斯全集》第5卷，人民出版社2009年版，第135页。

三、货币流通

1. 定义

商品流通赋予货币的运动形式，就是货币从一个商品所有者手里转到另一个商品所有者手里，这就是货币流通。

商品流通包含买卖两个对立的过程，但这两个过程作为货币本身的运动总是包含同一个过程，即货币同一个又一个的商品交换位置，货币不断使商品离开流通领域，同时不断去占据商品在流通中的位置，从而不断离开自己的起点。因此，从表面上看，商品流通只是货币运动的结果，但实际上货币流通是商品流通的表现。货币是商品独立出来的价值。货币作为流通手段的运动，实际上只是商品本身的形式的运动。在商品的买卖过程中，同一些货币作为商品的转换形态来到卖者手里，然后又作为商品的绝对可以让渡的形态从他的手里离开。这些货币变换位置两次。因此，同一个商品的两个互相对立的形式变换反映在货币的两次方向相反的位置变换上。因此，商品流通决定货币流通，货币流通反映商品流通。商品流通速度越快，货币流通速度就越快。相反，货币流通的缓慢表现为商品流通的停滞。马克思指出：“至于这种停滞由什么产生，从流通本身当然看不出来。流通只是表示出这种现象本身。一般人在货币流通迟缓时看到货币在流通领域各点上出没的次数减少，就很容易用流通手段量不足来解释这种现象。”①

2. 货币流通量

货币流通量取决于商品价格总量和同名货币流通速度。执行流通手段的货币量=商品价格总额（商品流通量＊商品价格）/同名货币流通次数。因此，货币流通量取决于这三个因素。这三个因素有多种变化组合：

---

① 《马克思恩格斯全集》第5卷，人民出版社2009年版，第143页。

第一种情况：商品价格不变，商品量增加，或者货币流通速度降低，所需要的货币量增加。反之，由于商品量减少，或者货币流通速度增加，流通手段量就会减少。

第二种情况：商品价格提高，如果商品量减少与商品价格上涨保持同一幅度，或流通的商品量不变，而货币流通速度的增加同商品价格的上涨一样迅速，所需要的货币量不变。如果商品量的减少或货币流通速度的增加比价格的上涨更迅速，流通手段量就会减少。

第三种情况：商品价格下降，如果商品量增加与商品价格下降成同一比例，或货币流通速度的降低同价格的跌落保持相同的比例，这时，所需要的货币量不变。如果商品量的增加或货币流通速度的减低比商品价格的跌落更迅速，流通手段量就会增加。

各种因素的变动可以互相抵消，所以，尽管这些因素不断变动，待实现的商品价格总额，从而流通的货币量可以依然不变。因此，特别是考察一个较长的时期，就会发现，在每一国家中流通的货币量的平均水平比我们根据表面现象所预料的要稳定得多；除了周期地由生产危机和商业危机引起的，以及偶尔由货币价值本身的变动引起的强烈震动时期以外，流通的货币量偏离这一平均水平的程度，比我们根据表面现象所预料的要小得多。

货币流通量还可以有另一种表述方式：已知商品价格总额和商品形态变化的速度，流通的货币或货币材料的量决定于货币本身的价值。马克思指出："有一种错觉，认为情况恰恰相反，即商品价格决定于货币流通量，而流通手段量又决定于一个国家现有的货币材料量，这种错觉在它的最初的代表者那里是建立在下面这个荒谬的假设上的：在进入流通过程时，商品没有价格，货币没有价值，然后在这个过程内，商品堆的一个可除部分同金属堆的一个可除部分相交换。"①

---

① 《马克思恩格斯全集》第5卷，人民出版社2009年版，第146页。

四、资本流通

1. 定义

资本流通就是为卖而买，就是为追求剩余价值而进行的商品流通，用公式表示为G—W—G′。资本流通和商品流通既有联系，又有区别：

从联系看，商品流通是资本流通的起点。不论是商品流通还是资本流通，都有买卖这两个对立阶段；买卖过程都是商品和货币的对立；买卖过程都体现了买者和卖者的对立。

从区别看，商品流通和资本流通存在很多不同点：第一，形式不同。两个对立阶段的流通顺序相反，商品流通是先卖后买，资本流通是先买后卖。因此，从货币的使用方式看，商品流通中货币是花掉了，而资本流通中货币是被预付。商品流通中货币两次换位；资本流通中是商品两次换位。第二，流通的目的不同。商品流通的目的是消费，是使用价值；资本流通的目的是交换价值。第三，内容不同。商品流通的内容是不同物质的交换，资本流通的内容是价值增殖，即获得剩余价值。剩余价值是预付货币额之上的增殖额。资本是能带来剩余价值的价值。第四，界限不同。商品流通以消费或满足一定的需要为限；资本的运动是无限的。马克思指出："作为资本的货币的流通本身就是目的，因为只是在这个不断更新的运动中才有价值的增殖。因此，资本的运动是没有限度的。"① 第五，从商品价值角度分析，商品流通中，货币作为价值的独立形式，只是充当商品交换的媒介；在资本流通中，价值要不停地运动，不断地增殖。

因此，要产生剩余价值，就必须要求资本经过流通。同时，剩余价值在流通中产生，又和商品流通必须遵循等价交换的原理相矛盾，剩余

---

① 《马克思恩格斯全集》第5卷，人民出版社2009年版，第178页。

价值又不能在流通中产生。因此，资本不能从流通中产生，又不能不从流通中产生。它必须既在流通中又不在流通中产生。要解决这个矛盾，就要求劳动力转化为商品，这样，货币才能转化为资本。

2. 资本流通的三种形式

资本流通有三种形式：产业资本流通、商业资本流通和借贷资本流通。

（1）产业资本流通。产业资本，是指投在工业、农业、建筑业等物质生产部门并按资本主义生产方式经营的资本，其本质特征是生产剩余价值。资本要获得剩余价值，就必须不断地从流通过程进入生产过程，再从生产过程进入流通过程，即反复不断地进行循环运动。

产业资本流通包括购产销三个阶段。在三个阶段中，产业资本分别执行商品资本、生产资本和货币资本三种职能。然后，资本最后又回到原来的出发点，使其价值得到增殖。资本流通需要花费一定的时间，消耗一定的费用。流通时间包括购买时间和销售时间，流通费用由纯粹流通费用、运输费用和保管费用三部分组成。产业资本流通要反复不断地进行，就要求产业资本不断地周转。同时，要使所有资本流通正常进行，就要求社会再生产按比例协调进行。

（2）商业资本流通。商业资本包括商品经营资本和货币经营资本。商品经营资本是商品资本的独立化形式，是专门在流通领域内执行职能的资本。货币经营资本是货币资本的独立化形式，是专门在流通领域内执行职能的资本。因此，商业资本作为产业资本的独立化形式，有利于节约产业资本货币准备金，扩大再生产规模。

（3）借贷资本流通。借贷资本产生于货币的支付手段职能。在商品交换中，总会存在一些闲置的货币。这些闲置的货币就被资本家贷放出去，获取利息。于是，就产生了借贷资本。借贷资本就是为获取利息而贷给职能资本家使用的货币资本。其运动公式是 G—G′。借贷资本形式实现了生产关系的最高度的颠倒和物化。利息本来只是资本家从工人身上榨取的剩余价值的一部分，但现在利息却变成资本的真正果实，表现为原初的东西，货币或商品具有独立于再生产过程之外自行增殖的能力。而转化为企业主收入的利润，只是在再生产过程中附加进来和添加的东西。因此，在借贷资本形式上实现了资本主义生产关系的最高度颠倒和物化。

五、流通与生产、分配、消费的关系

1. 流通与生产的关系

（1）生产包含流通。马克思指出，“既然交换只是生产和由生产决定的分配一方同消费一方之间的中介要素，而消费本身又表现为生产的一个要素，交换显然也就作为生产的要素包含在生产之内。”① 这里的流通有三种类型：第一种是在生产本身中就存在各种活动和能力的交换，这些交换直接属于生产，并且是生产的有机组成部分。第二种是产品交换，只要产品交换是用来制造供直接消费的成品的手段，在这个限度内，交换本身就是包含在生产之中的行为。第三种是所谓实业家之间的交换。这种交换不仅从它的组织方面看完全决定于生产，而且本身也是生产活动。

（2）生产决定流通。生产中不同部门的分工决定交换。不论这种分工是自然发生的或者本身已经是历史的结果，没有分工，就没有交换。同时，私人交换以私人生产为前提，交换的深度、广度和方式都是由生产的发展和结构决定的。例如，城乡之间的交换、乡村中的交换、城市中的交换等都是由生产的发展和结构决定的。

---

① 马克思：《〈政治经济学批判〉（1857—1858 经济学手稿）导言》，《马克思恩格斯全集》第 30 卷，人民出版社 1995 年版，第 40 页。

（3）流通对生产有反作用。生产就其单方面形式来说取决于交换。例如，当市场扩大时，即交换范围扩大时，生产的规模也就扩大，生产也就分得更细。

2. 流通与生产、分配、消费的关系

马克思指出，有些经济学家认为生产、分配、交换和消费形成一个正规的三段论，生产是一般，分配和交换是特殊，消费是个别，全体因此结合在一起。“这当然是一种联系，然而是一种肤浅的联系。”① 马克思认为，生产、分配、交换、消费构成一个总体的各个环节，一个统一体内部的差别。生产既支配着与其他要素相对而言的生产自身，也支配着其他要素。“因此，一定的生产决定一定的消费、分配、交换和这些不同要素相互间的一定关系。当然，生产就其单方面形式来说也决定于其他要素。”②

第三节　对马克思流通理论的不同见解

一、关于流通地位和作用认识的不同见解

新中国成立以来，我国对流通在经济发展中的地位和作用经历了艰难的探索历程。

改革开放前，我国实行计划经济，认为社会主义经济不存在流通。这种无流通论产生的原因是：一是将流通等同于商品流通，而不论是苏

① 马克思：《〈政治经济学批判〉（1857—1858 经济学手稿）导言》，《马克思恩格斯全集》第 30 卷，人民出版社 1995 年版，第 30 页。

② 马克思：《〈政治经济学批判〉（1857—1858 经济学手稿）导言》，《马克思恩格斯全集》第 30 卷，人民出版社 1995 年版，第 40 页。

联还是我国改革开放前，实行的都是计划经济，没有市场经济，故此商品货币关系所起的作用非常微弱；二是改革开放前我国经济是短缺经济，产品都是经过计划分配的，不存在所谓的销路问题，因此，不存在市场经济条件下出现的产品销售困难问题。

孙冶方对于这种无流通论进行了深刻的分析。他指出，产生无流通论原因是复杂的，一是受到苏联的影响。由苏联引进的政治经济学教材否定流通一般，认为流通就是商品流通，除此之外，就没有流通。二是在社会主义社会，有些产品的交换实质上是流通，但在表现上似乎是分配。三是受自然经济论，即自给自足经济理论的影响。

孙冶方深刻分析了无流通论的危害。一是否认社会主义存在流通过程，自然就不承认流通过程在社会再生产中的作用，当然就不会研究流通领域的规律，也不会按照流通领域的客观规律办事了。二是导致我国长期用单纯的行政手段去组织生产资料流通，用调拨、配给的方法代替交换。其结果是："一方面货不对路，需要者得不到应有的东西，生产出的东西无人需要，物资部门货物盈仓，生产企业大批存料，整个社会再生产周期拖长，生产发展缓慢：另一方面又不顾社会的实际需要而到处盲目建厂，大量生产那些社会不需要或已经生产有余的东西，造成社会劳动的极大浪费。就是在消费资料的商品中，也常常受'无流通论'的影响，违反商品交换规律，打击生产，妨碍消费。"① 三是无流通论导致否定等价交换原则。不按照等价交换原则组织交换和流通，结果是到处不计成本，不讲核算，不计经济效果，导致整个社会流通迟滞，资金周转缓慢，劳动效率低，经营管理不善。四是导致流通与生产、消费不相适应，严重妨碍生产发展与劳动者生活改善。

孙冶方提出社会主义条件下仍然存在流通。"社会主义流通，是指

---

① 孙冶方：《社会主义流通理论》，中国展望出版社 1984 年版，第 242 页。

整个资金循环，它是把社会上千千万万的企业组织好，以自觉的、有计划的‘物质代谢’过程去代替盲目的、自发的流通过程。”① 他提出，要透彻了解社会主义全民所有制内部的流通过程，必须具有产品双重性和劳动双重性的思想。

改革开放后，随着我国经济从计划经济体制向市场经济体制的转型，人们对流通在社会再生产中的重要作用有了重新的认识。在党的十二大上提出，“有计划的生产和流通，是我国国民经济的主体”。这是改革开放后首次将流通摆在与生产并列的位置上。随着我国对计划与市场关系认识的不断深入，我国对流通的作用认识不断深入，这主要是表现在对一般商品流通在社会再生产中的作用认识不断深入，提出了大流通、大商业、大市场的概念。与之相适应，我国的流通体制改革也不断深化。商品流通体制方面，改革开放之初，我国流通体系形成了外贸、商业、粮食、物资、供销五大体系，后来，合并成商业、外贸、物资三大流通体系，后来，又演变为内贸、外贸两大体系，随后，又演变为商务部统一管理贸易的体系。在货币流通方面，先是成立了中央银行，随后，又成立了证券交易所，直接融资体系和间接融资体系不断健全。党的十五大指出，公有制为主体、多种所有制经济共同发展，是我国社会主义初级阶段的一项基本经济制度。这对改革开放以来我国的基本经济制度进行了新发展。这种新发展反映在流通上，就是有力地推进了资本流通理论和实践的发展。2001 年，随着我国加入 WTO，我国对外流通也取得不断发展。

改革开放以来，随着流通理论和实践的不断深入，我国对流通产业认识也不断深刻。中央认为，流通产业是“国民经济的基础性和先导性产业”。② 尤其是我国经济进入新常态后，不少产业生产过剩的问题

---

① 孙冶方：《社会主义流通理论》，中国展望出版社 1984 年版，第 81 页。

② 国发［2012］39 号：《国务院关于深化流通体制改革加快流通产业发展的意见》。

越发突出，在此情况下，深化流通产业体制改革，解决产品销售问题，就成为适应和引领我国经济发展新常态的重要手段和重要突破口。

二、关于国企间流通性质的不同见解

改革开放前，我国认为国企间不存在流通，国企间生产资料是通过计划进行调拨的。改革开放后，随着我国社会主义市场经济体制改革目标的确立，如何看待国企间流通性质成为一个争议问题。一种观点认为，由于国企的所有者都是国家，因此，国企间不存在流通。还有一种观点认为，不同国企间流通的本质是使用权的流通。

这个问题表面上争论的是国企间流通性质，实质上还是如何看待国企性质的问题。正如马克思在《资本论》第一卷中指出的，“为了使这些物作为商品彼此发生关系，商品监护人必须作为有自己的意志体现在这些物中的人彼此发生关系，因此，一方只有符合另一方的意志，就是说每一方只有通过双方共同一致的意志行为，才能让渡自己的商品，占有别人的商品。可见，他们必须彼此承认对方是私有者。”①可见，马克思认为私有制是商品交换的前提，私有制和商品经济是能够结合的。那么，国有企业能否与市场经济相结合？这个在理论上一直困扰着我国理论学界。许多从西方经济学角度出发的学者认为国有企业和市场经济不能结合。实际上，从政治经济学角度看，两者能够结合。这是因为：第一，在社会主义市场经济条件下，国有企业仍然是独立的利益主体。每一个国有企业都是一个独立的利益主体，因此，不同国企之间、国企与集体企业之间、国企与非公经济之间要进行商品流通，就只能进行等价交换，而不能否定它们各自的经济利益，进行计划分配或者无偿调拨。第二，在国有企业中，劳动者成为企业的主人，劳动者有自己的利益要

① 《马克思恩格斯全集》第5卷，人民出版社2009年版，第103页。

求。在社会主义初级阶段条件下，我国的社会生产力发展还没有达到极大丰富的程度，劳动仍然只是一种谋生的手段，劳动者对自己的劳动成果还有物质利益要求。这种物质利益要求仍然是通过所在企业实现的。企业经济效益好，那么，劳动者收入就高，福利待遇就好，企业经济效益不好，劳动者收入就低。劳动者的物质利益要求反映到企业层面上，也必然要求企业是独立的利益主体。正是这两个原因决定了国有企业是独立的利益主体，因此，国企间的流通是不同利益主体之间的商品和资金流通。

当然，虽然国企是独立的利益主体，这种独立的利益主体与私营企业的独立利益主体还是有区别的。国企作为归国家所有的企业，在许多情况下，必须为实现国家利益服务。这与私营企业主要为实现私营企业主个人利益服务有着很大差别。这是在考虑国企间流通性质时要注意把握的一个基本出发点。

三、关于交易费用与流通费用的比较

交易费用是西方新制度经济学的核心概念。威廉姆森认为“交易之发生，源于某种产品或服务跨过技术上可分清的界面而被让渡出去，由此宣告一个行为阶段结束，另一个行为阶段开始。”① 不同制度经济学家对于交易费用的定义是不同的。科斯提出，为什么企业的生产活动有时候由外部市场组织，有时候由企业内部协调组织？科斯认为这是因为存在交易成本。利用市场进行交易是有成本的，科斯把企业利用价格机制的成本称为交易费用。科斯认为，企业之所以产生，就是因为利用企业组织生产要素进行生产的成本低于运用市场上的价格机制进行调节的交易成本。正是由于企业在生产活动中具有节约交易成本的作用，企

① 威廉姆森：《资本主义经济制度》，商务印书馆2004年版，第8页。

业才会产生。阿罗认为交易成本是经济系统的运行成本。

威廉姆森认为交易成本在经济学中的作用相当于物理学中的摩擦力。他指出，经济组织的问题就是一个为了达到某种特定目标而如何签订合同的问题。签订合同就要花费成本，因此，必须区分合同签订之前的交易成本和签订合同之后的交易成本。前者是草拟合同、就合同内容进行谈判以及确保合同得以履行所付出的成本。签订合同后的事后成本有 4 种："①不适应成本，即当涉及青木正彦所说的'合同变更曲线'（1983 年）即交易行为逐渐偏离了合作方向，造成交易双方互不适应的那种成本；②讨价还价成本，即如果交易双方想纠正事后不合作的现象，需要讨价还价所造成的成本；③启动及运转成本，即为了解决合同纠纷而建立治理结构（往往不是法庭）并保持其运转，也需要付出成本；④保证成本，即为了确保合同中各种承诺得以兑现所付出的那种成本。"①

交易费用还可以分为市场组织方式中的交易费用和行政组织方式中的交易费用。前者如起草契约的费用、调整契约的费用和契约纠纷引起的费用等，后者包括行政管理费用、激励弱化导致的费用以及企业内部人员为了争夺职位导致的内耗等。

可见，西方制度经济学者对于什么是交易费用仍然没有取得统一的见解。应当说，新制度经济学强调制度的重要意义，他们认为现实世界存在着高昂的制度运行成本，这种成本是解释经济绩效的关键。这对于打破西方主流经济学将经济现象抽象化、数学化、公式化具有重要意义，为解释现实经济现象开辟了一条新的思路。但是，如果仔细研究，西方新制度经济学存在如下问题：

（1）将经济学二分化。在西方制度经济学看来，研究经济学就是研究企业和市场的替代关系。这实际上将经济学理解为研究生产和流通

① 威廉姆森：《资本主义经济制度》，商务印书馆 2004 年版，第 35 页。

的关系，这从本质上缩小了经济学的研究范围。经济学研究生产、流通、分配和消费的相互关系，这四个方面的相互关系囊括了经济学的方方面面，而新制度经济学从自身研究需要出发，缩小了经济学研究对象，这是不合理的。

（2）关于什么是交易费用，新制度经济学本身就存在争议。交易费用本身在新制度经济学内部就没有取得一致意见，他们至今都没有讨论清楚交易费用的内涵和外延。这表明这门学科作为新兴学科的不成熟之处。实际上，新制度经济学所讨论的交易费用，不论是合同签订之前的交易费用还是合同签订之后的交易费用、还是市场组织方式的交易费用与行政组织方式中的交易费用，就其内涵和外延来说，并没有离开马克思所讲的流通费用和生产费用的概念。凡是在企业内部发生的合同签订之前的交易费用、行政组织方式中的交易费用，都可以归纳为企业的生产成本，至于与其他企业在购买或者销售过程中发生的交易费用，可以归纳为纯粹流通费用的范畴内。因此，可以用马克思的流通费用理论来解释交易费用理论。

因此，在新制度经济学尚未解释清楚交易费用的内涵和外延时，不宜过度解读新制度经济学的重要意义。

第四节　马克思流通理论的现实意义

一、深刻认识流通在再生产过程中的重要作用

马克思指出，流通不创造价值和剩余价值。马克思的这一观点导致很多人误以为马克思认为流通不重要。这是对马克思流通理论的误解。

流通虽然不创造价值和剩余价值，但只有在流通中剩余价值才能实现。同时，马克思指出，并不是所有的流通费用都不创造价值和剩余价值。保管费用的作用是保存使用价值，在合理的范围内，能够创造价值和剩余价值。同样，运输费用作为生产过程在流通领域内的延续，因此，在合理的范围内，也是创造价值和剩余价值的。所以，保管费用和运输费用都是创造价值和剩余价值的。

因此，流通在再生产过程中起着重要作用。流通一头连着生产，另一头连着消费。只有在流通领域中，企业生产的产品才和消费者见面，这时候，企业才能知道消费者喜欢什么，自己的产品好卖不好卖，从而调整自己的生产策略。所以，中央对于流通产业的定位很明确，明确指出流通产业是国民经济的基础性产业和先导性产业，要高度重视流通行业发展。

市场发展对于一个地方经济发展起到重要作用。这方面的典型案例是浙江省义乌市。改革开放前，迫于人多地少的压力，许多义乌人不得不离开自己家乡，靠鸡毛换糖解决生计问题。改革开放后，义乌县政府出资建立了小商品交易市场，允许农民经商，允许长途贩运，允许多渠道竞争，并且给予个体户税收优惠政策，从而赢得了市场先发优势。随后，义乌市政府又根据小商品市场发展情况，不断推动市场建设更新换代，从而成为全球最大的小商品批发市场。市场的发展带动了义务工业化、城市化建设，从而走出了一条独特的利用市场发家致富的道路。所以，市场是义乌人民的最大财富和创新兴业的巨大舞台。全国各地要从各自实际出发，借鉴义乌经验，找准自身流通业发展的切入点，以流通盘活各项资源，推动经济健康发展。

对于国家而言，要在四化同步的基础上进一步推动五化同步，即推动信息化、城镇化、工业化、农业现代化和流通现代化同步发展，在推动信息现代化、新型城镇化、新型工业化和农业现代化的过程中推动流通现代化，在流通现代化的过程中实现四化同步，从而实现产业和区域的协同发展。

二、深刻把握流通本质，推动企业资本顺利运营

马克思指出，流通有狭义和广义之分。广义的流通是包括购产销在内的流通。谈论广义流通，就是谈论资本运营。推动资本正常运营必须把握两点：

（1）不要把流通理解为简单的商品买卖关系，以为发展流通业，就是简单地在某个地方划片地，建立市场，流通业就能发展起来。流通是商品交换的总和。在商品买卖背后是人流、商品流、运输流、资金流、信息流的流动。商品流只是流通的表象，商品流背后是资金流、人流和信息流、运输流的流动。所以，要推动流通业发展，必须大力推动信息流、资金流的发展。尤其是当前世界已经进入信息社会，更要高度重视信息对于流通的牵引作用，通过大力提高信息水平带动流通提质增效。

（2）要正确理解市场和生产的关系。生产决定流通，交换的深度、广度和方式都是由生产的发展和结构决定的。因此，企业生产经营要想有市场，首先要有好的生产，好的产品，这是基础。但同时，流通又对生产起反作用。企业生产的产品如果没有市场，再好的产品也只能堆在仓库中。在高科技行业有个著名的微笑曲线。微笑曲线从产业链的角度分析当今企业利润的来源：研发和营销是企业利润的大头，中间的制造业则是企业利润的小头。微笑曲线说明企业处理好生产和营销之间关系的重要性。只有深刻把握生产和流通的辩证关系，推进资本循环周转正常进行，推进生产过程和流通过程协调发展，才能促使生产经营正常进行。

三、深化流通体制改革，推进流通产业现代化

改革开放以来，我国流通产业取得了长足发展。流通产业已经成为国民经济的基础性和支柱性产业。但是，总的来看，我国流通产业发展还处在粗放型发展阶段，全国尚未完全形成大流通、大市场格局，网络布局不合理，城乡发展不均衡，集中度偏低，流通秩序还比较混乱，信息化、标准化、国际化程度不高，效率低、成本高问题日益突出。因此，必须深化流通体制改革，推进流通产业现代化。

（1）大力推进高科技产业下的现代流通业。当前，流通业发展的重要趋势是电子商务，其典型案例是阿里巴巴集团。阿里巴巴集团已经超越网络电商平台的概念，已经成为以互联网基础设施以及营销平台为依托，覆盖流通、云计算、数字媒体娱乐、金融、创新项目、风险投资为一体的大型跨国集团。这种大型跨国集团的形成，标志着现代流通业已经迈入信息时代的新阶段，已经形成以流通为依托，横跨生产、流通、金融、信息等业务于一身的综合性集团。这是未来流通业的发展方向。流通业将不仅仅是就流通论流通，企业将整合各方面资源，打破生产与流通的界限。

（2）深化流通体制改革。流通行业要发展，就必须要打破形形色色的地区封锁和地区垄断。我国目前在这方面还有很多工作要做。不少地方出台显性或者隐性的各种政策，阻碍、限制外地商品、服务和经营者进入本地市场，明确提出要购买本地货。这些政策措施的出台，对于推进全国统一市场的建立是不利的。因此，必须建立分工明确、权责统一、协调高效的流通管理体制，健全部门协作机制，推进政策制定、执行与监督相互衔接，提高管理效能。加快流通管理部门职能转变，强化社会管理和公共服务职能。只有这样，才能打破流通领域的各种封锁，

建立全国大市场。

（3）要重视城乡之间的流通。当今，要引领经济发展新常态，不仅仅要重视城市流通，更要重视农村流通。农村流通业的发展是我国扩大内需的重要着力点。要依托扶贫、新农村建设等各项措施，不仅要推进农产品进城，更要推进工业品、服务业下乡，从而促进城乡之间的物资、信息、人员交流，最终实现城乡一体化发展。

参考文献

[1]《马克思恩格斯全集》第一版第4卷、第19卷、第26卷（上）(中)、第27卷、第29卷、第30卷（上），人民出版社1958年、1963年、1972年、1973年、1972年、1972年、1974年版。

[2]《马克思恩格斯全集》第二版第30卷、第31卷、第32卷、第34卷、第35卷，人民出版社1995年版、1998年版、1998年版、2008年版、2008年版。

[3]《马克思恩格斯文集》第2卷、第3卷、第4卷、第5卷、第6卷、第7卷、第8卷、第9卷，人民出版社2009年版。

[4]《马克思恩格斯选集》第3卷，人民出版社1995年版。

[5]《列宁全集》第一卷，人民出版社1984年版。

[6]《列宁选集》第二卷，人民出版社2012年版。

[7]《陈云文选》第三卷，人民出版社1995年版。

[8] 苏联科学院经济研究所：《政治经济学教科书》，人民出版社1956年版。

[9] 魁奈：《魁奈〈经济表〉及著作选》，华夏出版社2006年版。

[10] 斯密：《国富论》，陕西人民出版社2001年版。

[11] 威廉姆森：《资本主义经济制度》，商务印书馆2004年版。

[12] 李斯特：《政治经济学的国民体系》，商务印书馆1961年版。

[13] 萨伊：《政治经济学概论》，商务印书馆1963年版。

［14］李嘉图：《政治经济学及赋税原理》，华夏出版社 2005 年版。

［15］西斯蒙第：《政治经济学新原理》，商务印书馆 1964 年版。

［16］马尔萨斯：《政治经济学原理》，商务印书馆 1962 年版。

［17］李京文、方汉中主编：《国际技术经济比较——大国的过去、现在和未来》，中国社会出版社 1990 年版。

［18］孙冶方：《社会主义流通理论》，中国展望出版社 1984 年版。

［19］李江帆：《第三产业经济学》，广东人民出版社 1990 年版。

［20］郁建兴：《论全球化时代的马克思主义国家理论》，《中国社会科学》，2007 年第 2 期。

［21］十八届三中全会：《中共中央关于全面深化改革若干重大问题的决定》。

［22］国发［2012］39 号：《国务院关于深化流通体制改革加快流通产业发展的意见》。

重要术语索引表

T

W

X